[渣男動
Trash Ma

從前從前，有一，
Once upon a time, ther

物園]

n Zoo

座渣男動物園。

was a trash man zoo.

Trash Man Zoo

那些年,
我們一起遇過的禽獸
Trash Man Zoo

[渣男動物園]

凱薩琳·孔 | 캐서린·공 著

CAUTION DO NOT ENTER

插畫—Lazy Don

No.001

菁英系渣男

紳士渣，斯文敗類，知人知面不知心。

【無渣環境・妳我有責】渣男通報專線：Author / 凱薩琳・孔 케서린・공 : https://www.facebook.com/TRASH.MAN.ZOO
Illustrator / LazyDon : https://www.facebook.com/LazyDon.2019

No.002

好色系渣男

豬哥渣，風花雪月，飽暖思淫慾。

【無渣環境・妳我有責】渣男通報專線：Author / 凱薩琳·孔 캐서린·공 : https://www.facebook.com/TRASH.MAN.ZOO
Illustrator / LazyDon : https://www.facebook.com/LazyDon.2019

No.003

狡猾系渣男

詐騙渣，老奸巨猾，我騙故我在。

【無渣環境‧妳我有責】渣男通報專線：Author / 凱薩琳‧孔 케서린‧콩 : https://www.facebook.com/TRASH.MAN.ZOO
Illustrator / LazyDon : https://www.facebook.com/LazyDon.2019

190 —
180 —
170 —
160 —
150 —
140 —
130 —
120 —
110 —
100 —
90 —
80 —

No.004

軟爛系渣男

寵物渣，中看不中用，石化般存在。

【無渣環境‧妳我有責】渣男通報專線：Author / 凱薩琳‧孔 케서린‧콩 : https://www.facebook.com/TRASH.MAN.ZOO
Illustrator / LazyDon : https://www.facebook.com/LazyDon.2019

No.005

花心系渣男

法克渣，泡妞兼打炮，穿脫都一樣。

【無渣環境‧妳我有責】渣男通報專線：Author / 凱薩琳‧孔 케서린‧공：https://www.facebook.com/TRASH.MAN.ZOO
Illustrator / LazyDon：https://www.facebook.com/LazyDon.2019

No.006

扯 謊 系 渣 男

白賊渣，貌似忠良，臉皮厚過銅牆鐵壁。

【無渣環境‧妳我有責】渣男通報專線：Author / 凱薩琳‧孔 캐서린‧공：https://www.facebook.com/TRASH.MAN.ZOO
Illustrator / LazyDon：https://www.facebook.com/LazyDon.2019

No.007

猛男系渣男

金剛渣，一拳打爆妳，行走的肌肉棒子。

【無渣環境．妳我有責】渣男通報專線：Author / 凱薩琳·孔 캐서린·꽁 : https://www.facebook.com/TRASH.MAN.ZOO
Illustrator / LazyDon : https://www.facebook.com/LazyDon.2019

No.008

口業系渣男

臭嘴渣，開口就噴屎，嘴賤要人命。

【無渣環境・妳我有責】渣男通報專線：Author / 凱薩琳·孔 케서린·콩：https://www.facebook.com/TRASH.MAN.ZOO
Illustrator / LazyDon：https://www.facebook.com/LazyDon.2019

No.009

媽寶系渣男
巨嬰渣，聽媽媽的話，世上只有媽媽好。

【無渣環境・妳我有責】渣男通報專線：Author / 凱薩琳·孔 케서린·콩 : https://www.facebook.com/TRASH.MAN.ZOO
Illustrator / LazyDon : https://www.facebook.com/LazyDon.2019

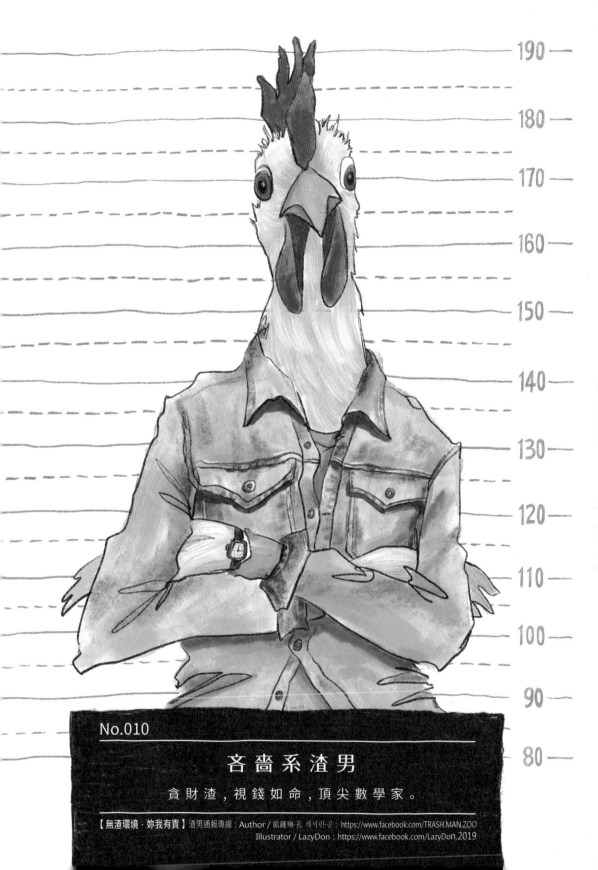

No.010

吝嗇系渣男

貪財渣，視錢如命，頂尖數學家。

【無渣環境・妳我有責】渣男通報專線：Author／凱薩琳‧孔, 캐서린‧공：https://www.facebook.com/TRASH.MAN.ZOO
Illustrator／LazyDon：https://www.facebook.com/LazyDon.2019

No.011

水仙系渣男

自戀渣，自信爆棚，眾人皆醜我獨帥。

【無渣環境‧妳我有責】渣男通報專線：Author / 凱薩琳‧孔 케서린‧콩：https://www.facebook.com/TRASH.MAN.ZOO
Illustrator / LazyDon：https://www.facebook.com/LazyDon.2019

No.012

暴君系渣男

暴力渣，恐怖情人，伴君如伴虎。

【無渣環境・妳我有責】渣男通報專線：Author / 凱薩琳·孔 케서린·공 : https://www.facebook.com/TRASH.MAN.ZOO
Illustrator / LazyDon : https://www.facebook.com/LazyDon.2019

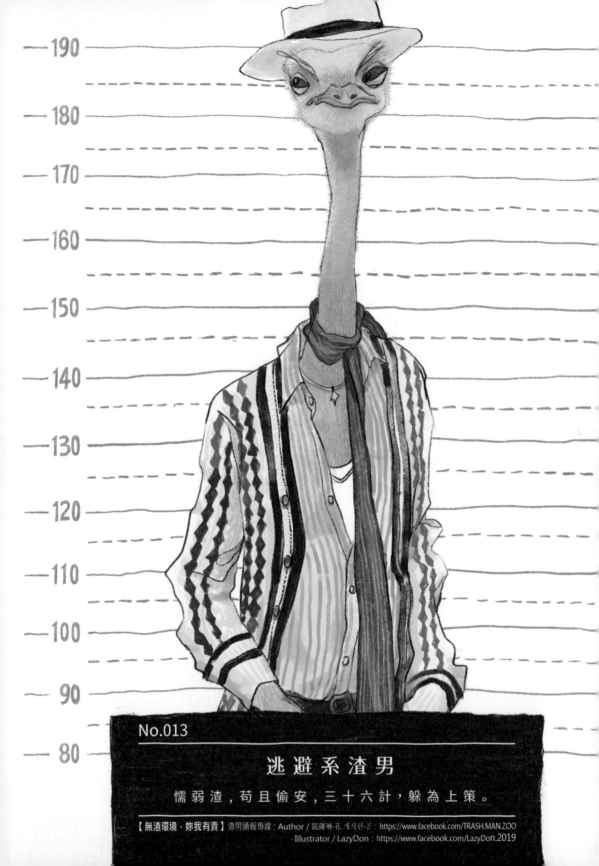

No.013

逃避系渣男

懦弱渣，苟且偷安，三十六計，躲為上策。

【無渣環境‧妳我有責】渣男通報專線：Author / 凱薩琳‧孔 케서린‧콩：https://www.facebook.com/TRASH.MAN.ZOO
Illustrator / LazyDon：https://www.facebook.com/LazyDon.2019

No.014

孤僻系渣男

陰陽渣，陰晴不定，戀人勿近。

【無渣環境・妳我有責】渣男通報專線：Author / 凱薩琳·孔 케서린공：https://www.facebook.com/TRASH.MAN.ZOO
Illustrator / LazyDon：https://www.facebook.com/LazyDon.2019

No.015

犯罪系渣男

兇殘渣,貪婪衝動,分手變分屍。

【無渣環境‧妳我有責】渣男通報專線:Author / 凱薩琳‧孔 케서린‧콩 : https://www.facebook.com/TRASH.MAN.ZOO
Illustrator / LazyDon : https://www.facebook.com/LazyDon.2019

190 —
180 —
170 —
160 —
150 —
140 —
130 —
120 —
110 —
100 —
90 —
80 —

No.016

兩棲系渣男

劈腿渣，雙腿閉鎖不全， 青 蛙 不 是 王 子 。

【無渣環境・妳我有責】渣男通報專線：Author / 凱薩琳·孔 케서린·공：https://www.facebook.com/TRASH.MAN.ZOO
Illustrator / LazyDon：https://www.facebook.com/LazyDon.2019

渣男動物園

那些年，我們一起遇過的禽獸

渣男動物園

推薦序

　　凱薩琳不姓孔，但是真正的姓是什麼？應該只有跟她熟悉的朋友才會知道，至於她為何要稱呼自己姓孔，跟孔子一點關係也沒有，但據說與孔劉有關，詳情或許只能在讀者見面會上，讓有興趣的讀者去發掘。

　　認識她之初，就覺得這個人好惡分明、擇善固執、直率坦白。根據她自己的說法，是因為感情路上交往過一些「不適合」的人，在哭過、痛過之後，才發現不須偽裝自己，才是在與另一半交往時，對自己最好的方式。當她把自己的遭遇以「敘事」的方式寫出來，用來療癒自己傷痛時，竟然意外發現，其實許多人曾經跟她一樣，在感情路上跌跌撞撞，但最後終究找出最適合自己的一條路。

　　因此，在聽過許多人的悲慘故事後，她決定把這些故事，經過當事人同意後改編成這本書。對於這本書，我想她的用意並非為了是灌輸其他人的「仇男思想」，事實上大部分的感情實況，都只有當事人最清楚，她聽到的或許也只是一面之詞。她把這些故事寫出來，主要還是希望可以讓更多人在看完這些故事以後，思考自己是不是還得要繼續在不適合的人身上沈淪。

　　雖然她把某些男人的性格歸類為特定動物的「想像個性」，可能有些人不會贊同，認為是刻板印象，但這應該也只是一種惡趣味的寫作模式，她在當中描述的許多人性的特質，還是值得我們去思考，有則改之，無則慶幸。或許，我們都能在看到別人的悲劇之後，思考自己究竟想要什麼樣的感情模式。

感情沒有好不好，只有適不適合，而單身或成爲孔太太，我想都是不錯的選擇。對於她來說，我相信是如此的。

呂秋遠律師

前言　這城市有座渣男動物園

Ladies and Ladies，歡迎來到渣男動物園。

2019 年的 7 月 10 日，我老公孔劉四十一歲生日當天，我出版了我的第一本書《等待加一，或者不：我和她們的單人婚紗故事》。當時我就曾經說過，幾乎每一個單人婚紗故事的背後，都有過一個渣男的存在。

不知道從什麼時候開始，談戀愛這件事情對於女生來說，變得不再簡單，也不再純粹，交出「真心」以前，我們都必須「很小心」。

從單身走向非單身的過程，就好像身處危險叢林，下一秒半路會跑出什麼猛獸，完全無法預測。他們會擋住妳的去路，千方百計讓妳帶他回家。

那些禽獸，有的是「顯性渣」，有的是「隱性渣」。「顯性渣」打從一開始就渣，而且從一而終的渣。「隱性渣」則是一開始不渣，後來變成渣。不管是哪一種渣，都會發展成「美女與禽獸」的組合。

「渣」之所以生效，是因為遇上了「傻」，渣男才膽敢把野性放出來，做人的分寸通通丟一旁。愛情成了行騙的工具，讓他們在一段關係裡，奪取他們想要的任何東西。

我突然靈機一動，發現每一種類型的渣男，都可以找到性格相對應的動物。於是我決定完成一本「渣男動物百科全書」，將渣男分門別類。

所有的渣男，都是衣冠禽獸。就算他們一身華服，脫去表象之後，終究還是原形畢露。

當女生想要多瞭解一個男人，通常習慣翻閱「十二星座書」或「十二生肖書」。希望這本《渣男動物園》的「十六渣男」，未來也能成為必讀聖經，從此養成堅不可摧的防渣體質。

最近我正在追一部韓劇《저녁 같이 드실래요？（一起吃晚餐嗎？）》，男主角是我二十年前最愛的宋承憲。他在劇裡說了一段話，讓我非常有感

覺：「只要有不好的事情發生，人就會覺得只有自己是不幸的。如果妳也是這樣想，我希望妳能改變想法。幸福是會挑人的，但不幸是不會挑人的，就只是，隨機發生在不同人的身上。」

　　我知道渣男很多，多到讓很多女生不幸。希望這本書可以幫助每一個妳，降低不幸降臨的機率，讓幸福捨不得離開妳。

　　準備好了嗎？現在就跟我一起進入「渣男動物園」。

從前從前，
有一座渣男動物園

菁英系渣男──鹿先生

渣男指數　★★☆☆☆
危險指數　★★☆☆☆
常見指數　★★☆☆☆

外號：偽君子｜假紳士
品種：斯文敗類｜衣冠禽獸｜人面獸心

總結：知人知面不知心。

No.001

菁英系渣男

紳士渣，斯文敗類，知人知面不知心。

【無渣環境・妳我有責】渣男通報專線：Author / 凱薩琳・孔・캐서린・공：https://www.facebook.com/TRASH.MAN.ZOO
Illustrator / LazyDon：https://www.facebook.com/LazyDon.2019

「紳士渣 · 鹿先生」，大部分從國外喝了洋墨水回來，通常遊走於上流社會。

高富帥，是他們普遍的外在形象。

鹿先生一出生，嘴裡就含了金湯匙，真正白手起家的並不多。一落地，就是上千萬家產的繼承人。

和路上閒晃的死肥宅不同，鹿先生非常有品味，身上的行頭幾乎都來自微風百貨或各國精品店。

他們拒開國產車，不會像臺客一樣，把車子改得轟隆作響；也不會在車內抽菸、飲食，更不可能搞車震，所以車上永遠有新車的味道。

就算他們聽不懂，耳朵還是只聽古典樂和爵士樂，反正任何可以襯托他們高貴地位的配件，他們絕對不會錯過。

鹿先生的職業類別非常固定，屬於金字塔頂端的族群，像是：富二代、金融鉅子、政治人物、大學教授、醫師、建築師、律師。

因為他們擁有社會地位，經濟條件也很優渥，皮夾裡就算沒有黑卡，也有無限卡。像鹿先生這種頂級上等渣，還不是想遇就可以遇得到，他們眼裡通常只看得見小模、明星、主播。

年紀不稚嫩不行、身材不高挑不行、皮膚不白皙不行，臉蛋不精緻不行，至於她們的腦袋有沒有東西都沒關係，車頭燈夠雄偉是加分題。

就算暫時沒有穩定交往的對象，花點錢叫高級雞（不高級絕對不行）快速又方便，睡完就散，隔天換一個新貨再繼續。

他們甚至好了不起，進了酒店，酒店小姐還會主動倒貼，免費提供出場服務，因為她們貪圖後頭更大的經濟利益。

偶爾身旁的長輩，會熱心介紹「年分相同」或者「實力相當」的女人給鹿先生，但是鹿先生怎麼可能看上眼，他們什麼都高，就是眼光不太高。

碰到鹿先生，算是「福禍兩相依」，因為他的寵幸就是一種肯定，表示媽媽把妳生得真美麗。如果可以不在意自己是不是唯一，或是昨晚他又跟哪個妹去了哪裡，那麼跟著他一起吃香喝辣，出入高級場所，把日子過得浮

誇，也是一種福氣。

只是他們的愛，通常不持久，妳吵妳鬧，把妳順勢換掉就好。女人就跟漂亮的衣服一樣，過季了就該丟，繼續穿出去只是壞了自己的行情。

他們通常很晚婚，結婚的理由很少是因為發現真愛，通常是被長輩逼婚，父母拿家業威脅，逼鹿先生乖乖就範，進行一場政商聯姻或是企業聯姻。

不然就是道高一尺，魔高一丈，被手腕更高明的女友設局陷害，肚子都大了怎麼可以不負責，鬧上新聞後，整個家族怎麼有臉見人。

其實我並不覺得碰到鹿先生非常倒楣，只是普通倒楣而已，至少交往過程中，物質享受少不了，下場也不會落得人財兩失。

只是飛上枝頭當鳳凰的日子，通常不確定有沒有明天，很可能一覺醒來，就被打回灰姑娘的原型。

他們的渣，發展到後來都是明著來的渣。鹿先生其實沒有攔著妳，是妳自己甘願賴著不走。而且只要他稍微有點名氣，所有記者甚至全民都是妳的免費抓猴部隊，直接省下聘僱徵信社的錢。

只是就算偷吃的照片已經攤在眼前，妳還是會選擇「看圖說假話」，甚至握著鹿先生的手，召開記者會。面對鏡頭，妳會告訴大家，妳還是相信妳的另一半。

很多女藝人的丈夫或是前夫，都是這一掛的「菁英渣」，普通人已經習慣看著鹿先生的事蹟在媒體播放。

如果「有幸」嫁給鹿先生，最好祈禱情場浪子回頭，更重要的是，一生都要富貴吉祥。要是他突然事業經營不善，上億資產瞬間蒸發，人也人間蒸發，連帶妳的財產也會被查封。

當初日子過得有多爽，後來下場就多慘。

至於該如何分辨好鹿還壞鹿，透過眼神就知道。朴寶劍弟弟最有名的就是他「小鹿般的善良眼睛」，無邪又充滿靈氣。但是「紳士渣・鹿先生」就是一雙賊兮兮眼睛的露了餡，總是飄忽不定，不懷好意。

如果妳是麵包重於愛情的女人，那麼鹿先生絕對是擇偶首選。跟他交往後，拚命想辦法從他那裡撈錢，就算最後他轉身愛別人，妳也不會有怨懟，因為搞不好還可以領到一筆高額贍養費。

但是如果妳是愛情大於麵包的女人，那麼鹿先生絕對不適合妳。因為就算妳再漂亮，終究還是會過季，一切美好，都只是曇花一現。

紳士渣對付指南

一般女生都很難抗拒鹿先生的魅力。

他們有錢、有名氣、有地位，而且風度翩翩，舉手投足充滿貴族氣息，可以被他們看上，簡直就是一種天大的肯定。

其實這群鹿先生「金玉其外，敗絮其中」，仗勢著「有權」和「有錢」，周旋於眾多女人之間。他們認為有錢就可以雙重任性：第一重任性：思想上不尊重女性；第二重任性：肉體上四處找女人玩性。

「有幸」被斯文敗類寵幸，先不要急著拆穿他的真面目，可以先評估自己的狀態之後，再做決定。

如果妳是那九○％玩不起的善女，一段感情拿得起、卻放不下，除非妳有把握找到高人對鹿先生下蠱，讓他從此一生只愛妳一人，否則還是保持距離，以策安全。

要是妳是那一○％的女玩家，自認棋逢對手，誰輸誰贏還不一定，倒是可以試著一較高下。也同時幫助之前受害的善女復仇。

雖然鹿先生很難認真投入一段感情，但是對於金錢他們絕對不小氣。所以一○％的女玩家可以當成自己流年大走財運，既然財神爺降臨，都把頭獎送到妳家門口，放棄提領太可惜。

試著把他們當成慈善家，幫助妳改善生活。換季時，他們會帶妳去買包、治裝；發現妳瘦了，他們會帶妳去吃大餐；看妳租的房子很破舊，他們馬上買一間房給妳。

　　既然他們拿錢，賣弄自己也玩弄感情，那麼就成全他們，大方享受他們的錢。反正他們也窮得只剩下錢而已，真愛他們給不起。

　　但是女玩家要做好心理準備，妳的享樂計畫，一定會招來外界的道德批判，換來很多閒言閒語。如果妳心臟夠大顆，倒是可以無需在意。看看那些慘遭富二代劈腿或休妻的女星，哪一個不是繼續過著優渥的上流生活。

　　要是妳都已經替鹿先生生了個孩子，孩子一落地他就另結新歡，還逼妳快點簽字離婚，這時候就可以使出最後一招的撒手鐧，就是找媒體爆料。

　　雖然他們的弱點很少，但是面子和名聲是整個家族最在意的東西，只要瞄準攻擊，就足以一刀斃命，搞得整個家族都跳腳。

　　只是妳要有心理準備，和鹿先生這樣大鬧一場之後，愛情在妳的人生也同時宣告死亡，妳再也看不上任何人，也不會有人看上妳，而妳也變得跟鹿先生一樣，窮得只剩下錢而已。

　　我們這些九〇％的善女，就不要拿自己的人生開玩笑。當鹿先生一靠近，立即抵擋他們的攻勢。關鍵其實很簡單，只要不虛榮、不敗金、不被名利或權利蒙蔽了雙眼、澈底做到經濟獨立、不被物質綁架，鹿先生就無法近身。

　　然後用強大無比的念力，詛咒鹿先生進入「十個禿子九個富」的九人小組裡。拿掉他們頭頂的「鹿角」光環之後，妳會發現他們根本像頭驢。

渣男動物園　二○二○年度淨字第一號除渣判決

聲請人：渣男動物園園長　凱薩琳・孔

渣男：菁英渣——鹿先生

　　上列渣男因採花大盜案件，經渣男動物園園長提起公訴（二○二○年度淨字第一號），本園判決如下：

主文

　　「菁英渣——鹿先生」連續犯下「拈花惹草、四處播種」案件，判入渣男動物園終身。

事實

　　被告「菁英渣——鹿先生」，道貌岸然、表裡不一。雖屬金字塔頂端的菁英，擁有極佳的社會資源，卻沒有取之於社會，用之於社會，把所有精力，都發洩在女人身上。

　　鹿先生是衣冠楚楚的禽獸，長得人模人樣，卻不懂得尊重女性。

　　因為窮得只剩下錢，鹿先生相信「金錢萬能論」。只要亮出白花花的鈔票，或是秀出額度無上限的黑卡，就沒有追不到的妹，更沒有擺不平的事情。

　　對於鹿先生來說，被害人是呼之即來，揮之即去的玩具，甚至是拋棄型用品，用完就丟，絕不回收。

　　鹿先生很少用「心」來「談感情」，幾乎都拿「錢」來「買感情」。

　　因為天生的優越感，讓他們狗眼看人低。反正老子有的是錢，一次要買幾個女人是幾個，完全不明白忠誠是何物。

　　鹿先生也不怕被害人知道他們遊戲人間，要是被害人哭鬧，他們只要拿出一筆錢來，或是買個包、買臺車、買棟房就可以擺平。

　　鹿先生對待婚姻的態度也很隨便，他們並不想婚，之所以進入結婚，都是長輩的決定。婚後他們還是會繼續用力玩，被害人要是不爽，隨時可以滾，反正贍養費再多，也只是家產的九牛一毛。

　　不然就是婚後玩起「大風吹」，只要鹿先生愛上了別人，就會馬上把被害人休掉，把正宮的位子挪出來，讓新歡上位。每一個今日的新歡，都是明日的舊愛，可能屁股都還沒有坐熱，就被鹿先生從椅子上趕下來。

　　反正對鹿先生來說，結婚離婚，就跟上車下車一樣容易。

　　鹿先生的荒唐行徑，有時候連家族長輩都看不下去，他們心疼被害人的遭遇，更責備自己沒有把孩子教好。要是長輩們氣得要跟鹿先生脫離關係，鹿先生會理直氣壯頂回去：「你自己還不是三妻四妾。」把長輩氣得差點中風。

　　鹿先生不只對感情不忠，對父母更是不孝。

　　不過不能否認，鹿先生通常會代代複製下去，幾乎每一代都會出一個在感情處理上歪七扭八的人，實在家門不幸。

　　渣男動物園法庭宣判，「紳士渣——鹿先生」，判「睡在假模特兒堆」之刑罰。既然他們那麼愛model，就讓他們一次愛得夠，而且各國人種都有。就算關在監獄裡，也可以終日左摟右抱，享盡齊人之福。

　　本案判刑定讞，不得上訴。

西　　元　　２０２０　年　７　月　１０　日

好色系渣男──豬先生

渣男指數　★☆☆☆☆
危險指數　★☆☆☆☆
常見指數　★☆☆☆☆

外號：豬哥｜土豪哥｜豬八戒
品種：貪圖女色｜腦滿腸肥｜好吃懶做｜飽食終日

總結：飽暖思淫慾。

No.002

好色系渣男

豬哥渣，風花雪月，飽暖思淫慾。

【無渣環境・妳我有責】渣男通報專線：Author / 凱薩琳·孔·凱瑟琳·貢：https://www.facebook.com/TRASH.MAN.ZOO
Illustrator / LazyDon：https://www.facebook.com/LazyDon.2019

「好色渣・豬先生」有一個非常響亮的別名：DiGo，光聞其名，就知其人。

腦滿腸肥、豬頭豬腦是他們的顯性特徵。他們每一隻都胖嘟嘟、肥吱吱，感覺無時無刻都在滲油。

「有點肉」和「肥」不太一樣，「肥」的認定是，當妳出國搭經濟艙，旁邊人的肉，已經透過手把下的縫隙，侵門踏戶到妳的地盤，那他就是一隻豬。

皮膚白一點的是白豬，黑一點的是黑豬，有點娘的就是粉紅豬，不管是哪一種豬，終究是沒什麼異性緣的豬。

因爲天生外型上的不討喜，豬先生要是沒有家世背景，就算體積再龐大，也只能芝麻綠豆般存在，很容易被當成隱形人，想渣也渣不起來。所以這裡討論的豬先生，僅限於富貴家庭的好命豬，其他來自普通人家的平凡豬，不在討論範圍內。

「好色渣」和「紳士渣」的本質其實很相似，差別只在於「好色渣」是發酵膨脹後的「紳士渣」，因爲外表不一樣，體型不一樣，所以後天的命運走向很不一樣。

簡單來說，就是「人帥眞好（鹿先生），人醜性騷擾（豬先生）」。

有錢的豬先生一樣喜歡穿戴名牌，也熱愛美食。只是因爲受限於體型，很多好看的衣服都塞不下。就算名牌有供應大尺碼，再昂貴的衣服套在他們身上，都會被穿成廉價路邊攤。要是上衣正好印了 Versace 的頭像，那顆頭也會被搞成水腦症。

當他們出現在高級餐廳時，感覺也跟身分地位完全扯不上邊，旁人見了只會想：這麼會吃，難怪這麼肥。

反正呢，所有高級的事情被豬先生一做，都變得非常低級。

豬先生從小養尊處優，養成好吃懶做的習性，加上肥胖易累又怕熱，行動力受阻，所以他們大多賦閒在家，成天遊手好閒，每天等著黑夜降臨，就可以去夜店狂歡；不然就是寄生在家族事業，在公司呼風喚雨，當個不要臉

的靠爸族；就算他們外出工作，也是毫無戰鬥力，但是後臺很硬的空降部隊。

因為成天吃好、睡好、沒煩惱，自然飽暖思淫慾。

豬先生家境富裕，從小自命不凡，就算長得跟天蓬元帥同一個模樣，還是覺得自己是女孩子心中夢寐以求的白馬王子。

因為長相油膩，又缺乏自知之明，性格上還夾帶了不討喜的自戀傾向，所以大部分的正常女生遇上了都會馬上自動繞道。

長期缺乏男女互動經驗的結果，讓他們的求愛方式少了社會化，有一種豬式恐怖。而且豬先生人胖臉鬆，同一句情話，「紳士渣」說起來就是深情款款，「好色渣」說起來就是噁心下流不要臉。

豬先生看不到自己的問題，以為女孩子只是欲迎還拒，為了讓追求者點頭說好，他們擁有堅不可摧的戰鬥力。而且為了分散風險，他們通常會選擇亂槍打鳥的作戰方式。

「只要我喜歡，沒有買不到的東西」是豬先生的共同信仰。他們相信「有錢萬能」，少爺我財大氣粗的，只要像個財神爺，散播金錢散播愛，凡是我看上的女人，通通可以是囊中物。

豬先生跟鹿先生一樣，都喜歡美的事物，而且眼光都特別高。豬先生更是「洗基因」的澈底實踐者，為了讓下一代脫離豬頭豬腦的模樣，說什麼都要找個美若天仙的女孩來淨化子孫。

有錢無名的豬先生，只能找小模玩樂，有錢又有名的豬先生，就會把魔掌伸向女藝人或女主播。

我有一個上流社會的朋友，十幾年前他有一個噸位很重的空降同事。弔詭的是，那位先生明明學法律，卻跑到國際金融公司上班。那位貴公子的名字常常跟不同的美女連在一起，有時還重疊存在。

當時他正在追求一名女主播，每隔幾天就會送上一份大禮。對於那位先生來說，他早就把女主播當成他的女友，但是女主播對外從來不肯承認他們有任何關係。就算被媒體拍到兩人疑似在車內玩親親，女主播不承認就是不

承認。

因爲這條緋聞，女主播的名聲一度受到影響，有人認爲她骨子裡根本是個拜金女，不然當時怎麼可能跨得過心裡的檻，跟一隻神奇的豬在一起。

不過我想幫豬先生說些話，他可能眞的沒有比較色，只是他的長相讓他的所作所爲看起來特別色。當鹿先生手拿一本 Playboy，別人會覺得那是藝術，但是當 Playboy 落在豬先生手上，就成了色情刊物。

也因爲豬先生的臉特別寬，體積也特別大，所以好色的樣子看起來特別清楚，才會讓人覺得他們色到骨子裡。

給女孩的忠告是，不要把「錢財」和「愛情」混在一起。

謹守「不貪心」、「不貪財」的原則，靠著自己的實力去賺取自己想要的東西，千萬不要爲了一時的物質享受，成了豬先生口中咬著的鳳梨。

跟「紳士渣」在一起，還可以藉口是被他的魅力所迷惑，但是跟「好色渣」在一起，在外人眼裡看來，除了貪財，還是貪財。

眞的不要以爲一時拜金沒關係，要是受豬先生的邀請，前往五星級飯店開毒趴，就算有人被搞到亡命上天堂，豬先生最後還是會被無罪釋放，因爲他的背景實在有夠硬。

我相信臺灣人都還沒忘記「W Hotel 小模命案」，那位肥嘟嘟的土豪哥，已經胖到五官因爲過度放大而模糊，但是他竟然可以娶到東吳校花，還可以找到一堆小模陪他開毒趴。妳覺得到底是豬先生的問題，還是那些女生有問題？

好色渣對付指南

一般正常女生要是見著了豬先生，肯定馬上逃之夭夭。要是妳不是正常女生，邂逅了豬先生之後，不但沒有跑，腳底反而被瞬間膠黏住，那麼請妳先冷靜下來，尋找願意慘遭豬吻的動機。

如果妳懷疑自己視力有問題，趕緊先跑一趟眼鏡行進行例行性檢查。如

果妳視力正常，也清楚明白對方是頭豬，那麼請妳問自己兩個問題：

我的日子是不是真的無聊到非得跟天蓬元帥玩在一起？
我是不是真的走投無路，窮到非得到金援不可？

如果妳覺得日子過得實在枯燥乏味，生無可戀，每天都不知道怎麼打發時間。妳也不想起床，不想上班，幻想躺在床上就會有錢從天上掉下來淹死妳，那麼只能說，妳跟豬先生真的是天生一對，廢男配廢女，絕對沒問題。

如果妳窮到要被鬼抓走了，都怪之前名牌包買得太盡興，把卡刷爆了卻沒錢繳清。銀行天天打來追債，妳不想腳踏實地賺錢還債，一心一意只想賺快錢。正當妳愁得發慌，豬先生突然手捧金元寶降臨。雖然大家都說他長得油膩膩好噁心，但是在妳眼裡，豬先生就等於「$」符號，讓妳眼睛冒愛心。如果妳願意為了錢作踐自己，別人說再多妳也聽不進去。

豬先生之所以被瞧不起，其實不完全是長相歪掉的關係。外表天注定，一個人就算長得再醜，絕對不是惡意更不是故意，他自己也不願意。

但是如果外表已經嚴重失分，就要努力靠別的地方補回來。要是長相不受控，品行也一起失控，根本就一無是處。要是肯拿那些玩弄女人的時間去運動健身、研習進修該有多上進。

偏偏豬先生還是選擇自暴自棄，他們習慣用自己的「真財力」換得「假魅力」，所以追求攻勢之一，就是帶著獵物吃盡山珍海味，下場就是自己「一天肥一斤，一眠大一寸」，像個充氣氣球不斷膨脹。

老實說，願意跟豬先生在一起不是一件容易的事情，但是如果妳已經下定決心，打算趁著年輕也昧著良心海撈一筆，首先妳的眼球忍耐力一定要夠高，才能容忍自己不停地看到髒東西，也可以完全不在意外面停不下來的異樣眼光。當然妳最好也有點重聽，這樣就完全聽不到別人的閒言閒語。只要能做到以上兩點，那麼就算後頭有再多輛卡車拉著妳，也攔不住妳朝豬奔跑的決心。

　　可是在妳決定墮落前，還是要再提醒妳，先試著想像一隻豬攤在妳身上，油水噴了妳全身，那畫面多麼慘不忍睹，搞不好還會被他壓到斷氣。如果妳很自虐，就去送死吧，那真的是一種身心靈的全面凌遲。

　　凡走過必留下痕跡，豬蹄留下的豬腳印，會是妳人生中一輩子的汙點，而且還好大一點。

　　最後再碎念一下，如果妳真的很想被騙，請挑一個帥一點的騙子好不好？

　　豬是豬，妳是妳，妳怎麼可以把自己搞得食慾跟豬一樣好。

渣男動物園　二〇二〇年度淨字第二號除渣判決

聲請人：渣男動物園園長　凱薩琳・孔

渣男：好色渣——豬先生

　　上列渣男因好色傷人案件，經渣男動物園園長提起公訴（二〇二〇年度淨字第二號），本園判決如下：

主文

　　「好色渣——豬先生」連續犯下「人醜性騷擾」案件，判入渣男動物園終身。

事實

　　被告「好色渣——豬先生」，飽食終日、不務正業，即使「外表神複製天蓬元帥」，卻沒有半點自知之明，自以為是「風度翩翩的白馬王子」。

　　豬先生看自己永遠自帶濾鏡，以為豬爸豬媽給他的不是豬頭豬腦，而是人見人愛的萬人迷。

　　仗恃著「超大面積」和「超分量噸位」，不停在被害人身邊刷存在，而且還特別鎖定美若天仙又無腦的年輕女孩下手。

　　都怪當初投胎投得太急又太快，為了卡位富貴逼人的權貴家庭，沒能精準附身在鹿先生的肉身皮相。不過相同的家庭背景，造就了同款渣性，豬先生與鹿先生共同信仰「有錢萬能論」，女人如物品，有錢想湊一打都可以。

　　豬先生就像一坨攤平的死豬肉，懶得起床、懶得上班、懶得思考、懶得運動，肥胖嚴重影響了行動力，對於任何正事，他們總表現得意興闌珊，唯獨把妹可以讓他們起死回生。

　　豬先生對自己真的很殘忍，把自己搞得那麼肥，年紀輕輕就飽受脂肪肝、糖尿病、高血壓等慢性病所苦，相當不自愛。但是豬先生卻相當自戀，

完全沒有意識到自己是個內外兼無的死胖子，他們自以為是花蝴蝶，以龐然大物的姿態，成天往花叢鑽。

渣男動物園法庭宣判，「好色渣——豬先生」，判「全日禁食」及「二十四小時搖呼拉圈」之刑罰。他們前半段的人生裡，已經吃下別人一輩子的食物分量，卻只累積一％不到的正常運動量。為了豬先生的健康著想，暫時挨餓沒關係，待豬先生瘦成原來體積的二分之一，園方會主動替他加餐飯。但「二十四小時搖呼拉圈」必須持續下去，只要體力用盡，就不會成天想找無腦女一逞獸慾，

本案判刑定讞，不得上訴。

西　　元　　２０２０　年　７　月　１０　日

狡猾系渣男──狐狸先生

渣男指數　★★★★★
危險指數　★★★★★
常見指數　★★★★★

外號：金光黨｜網路男蟲｜職業騙子

品種：來路不明｜奸詐狡猾｜假性真命天子

總結：我騙故我在。

No.003

狡 猾 系 渣 男

詐騙渣，老奸巨猾，我騙故我在。

【無渣環境・妳我有責】渣男通報專線：Author / 凱薩琳·孔 캐서린·꽁：https://www.facebook.com/TRASH.MAN.ZOO
Illustrator / LazyDon：https://www.facebook.com/LazyDon.2019

「詐騙渣・狐狸先生」，詐騙集團首腦，天生的戲精。

狐狸先生通常活躍於網路，數量龐大，而且持續繁衍中。我毫不猶豫，就在「渣男指數」、「危險指數」、「常見指數」，給了滿滿的五顆星。

他們相當擅長包裝自己，通常以「白馬王子」混搭「眞命天子」的形象現身，不吝嗇說著女生想聽的各種情話，顯赫的背景以及厲害的頭銜絕對是標準配備。

他們和那些濫用下半身的渣男不同，絕大多數的狐狸先生都用大腦上工。直白一點說，他們不一定想騙砲，但是他們肯定想斂財。

「狐狸精」是狐狸先生的好姐妹，前者靠著媚術，勾引別人的男人，後者靠著不懷好意的腦袋，把他的壞包裝成他的愛，鎖定渴望得到愛而盲目犯傻的女人下手。

自從狐狸先生闖入妳生命的那天起，妳一定有一種錯覺，以爲童話降臨，而妳就是他的萬中選一。就算劇情神展開妳也不以爲意，妳相信這次一定是正緣，才會發展得神速又順利。

他們通常都是預謀性犯罪，而且是累犯，一開始狐狸先生就期許自己這回能刷新紀錄，要在最短的時間內，讓妳把銀行帳戶裡的錢通通掏出來。

狐狸先生和鹿先生、豬先生很不一樣，他們對年輕女孩沒興趣，因爲那些妹子窮得只有年輕而已，不符合他們「No Money, No Honey」的中心思想。所以如果妳也是年過三十五的單身女性，請務必提高警覺，因爲妳我都是高風險群。

他們就像愛情市場裡的江洋大盜，「先騙愛」而「後斂財」，搞得受害者人財兩失。

依照出生地，狐狸先生還可以細分成「本地狐」和「外國狐」。雖然產地不同，但是都是相同的套路。

套路一：條件都莫名其妙特別好

眞的活見鬼了，現實生活中，打著燈籠都找不到的完美男人，竟然和妳

在網路上邂逅了。他好像很帥、很優秀、很有錢，是妳夢寐以求的理想對象。可是他所有的好條件都只是紙上談兵，妳看不見也摸不著。

套路二：很會甜言蜜語，講起話來特別好聽

臺灣男人在講話上很有障礙，通常不是喜歡亂講話，就是不知道該怎麼好好講話。沒想到這回遇到的男人竟然特別會說話，說的通通是妳愛聽也想聽的話。而且他每到固定時間就會出現，善用制約法，讓妳習慣他的存在，到最後沒有他會不習慣。

他早就看穿妳的弱點，只要勤用「我愛妳」和「我們結婚吧」這兩個關鍵句，不用多久，就可以掏空妳的財庫。

套路三：Something Bad Happened

他可能會說，他的公司突然周轉不靈，需要一大筆資金調度；或是他投資失利，急需一筆錢，才不會面臨破產。不然就是家裡有死人，或是家裡有人快要死；再不然就是爸爸媽媽、兄弟姐妹、爺爺奶奶、外公外婆被綁架，需要支付大額贖金。

可是他所有的資金正好都卡住，目前沒有多餘的錢處理突發的變故，希望妳願意出手相救，幫助他度過難關。

怎麼會那麼剛好，為什麼他愛上妳之後，人生開始大走霉運。到底是妳帶衰，還是妳有剋夫命。

除了上頭的「悲情訴求」之外，還有另外一種比較歡樂的「浪漫訴求」。

他會用「好東西只和準老婆分享」的神祕姿態告訴妳，有一個穩賺不賠的投資機會，他希望肥水不落外人田。大賺一筆之後，你們就可以早早退休，接下來就可以準備籌劃婚禮，從此過著幸福快樂的生活。

「外國狐」還另有一招，他會說他迫不及待飄洋過海來看妳，但是手邊

沒有錢，希望妳匯款給他買機票。不然就是謊稱他寄了一個天價的神祕禮物給妳，但是被海關扣押，需要妳先匯一筆錢到指定帳戶，才能把禮物贖回。

不管理由是什麼，終極目標都只有一個，就是「以愛之名，騙光妳的錢」。

其實他們的騙術一點都不高明，只是大多數受害者寧可選擇自欺欺人，忽略那條早就露出來的狐狸尾巴。

聰明成性的狐狸先生，就是抓準了大齡單身未婚女子的弱點。他們知道，只要演出他好愛妳，他一定會娶妳，妳就會順著他的劇本走，乖乖掏出他最想要的東西。

要是妳給不起他要的東西，或者已經給光了他要的東西，他就會從此銷聲匿跡。等到妳終於發現自己上當受騙，一切早已來不及，因為他真實的身分，妳根本從頭到尾都一無所知。

當然妳可以怪他的壞，但是也要怪自己太渴望得到愛，才讓自己那麼好騙。因為妳太渴望一段穩定的關係，所以妳忘了他根本來路不明，也刻意忽略其實妳對他的了解，從來就沒有眼見為憑。

其實他的那條狐狸尾巴和那雙毛茸茸的狐狸手，一直都大剌剌的露在外頭，是妳自己從頭到尾選擇視而不見。

所以到底是狐狸先生騙了妳，還是妳一直在自己騙自己？

﹒﹒﹒﹒﹒﹒﹒﹒
詐騙渣對付指南

只要妳自認大齡，又急迫地想要快點找到人「一拜天地，二拜高堂」，那麼只要和狐狸先生搭上線，就是妳大破財的開始。

「一個極品男人突然從天而降，才認識沒幾天，妳連他本人都沒見過，他就說他好愛妳，說他想要跟妳結婚，於是妳們開始互稱老公老婆。某天，他告訴妳他突然發生巨變，他需要一筆錢，希望妳可以幫助他度過難關。」這麼不合理的故事，竟然有人選擇相信。

於是妳急急忙忙捧著存款簿，跑去銀行準備匯款救良人。機警的銀行行員和警察好心攔妳，還被妳當成拆散鴛鴦的壞人。妳覺得他們怎麼可以這麼壞，這一次妳終於可以嫁掉了，他們知不知道妳等這一刻等了多久？

我的天啊，女人怎麼可以傻成這德性。如果對方是老外，妳確定妳的英文程度夠好嗎？妳確定妳們真的有在聊天，還是每天不停的重複「I Love You」、「Good Morning」、「Good Night」？又如果對方是本國同胞，既然他這麼愛妳，為什麼不快點來見妳？

與其說是狐狸先生騙妳，不如說是妳自己騙自己。

其實要澈底防堵狐狸先生一點都不難，首先，拒絕替自己貼上「大齡剩女」的標籤，也不要把結婚視為當務之急，更不要輕易相信從天而降的豔遇。

妳想想，都活了好幾十年了，條件好的男人要是那麼容易遇上，妳也不會一直單身到現在。而且要是一個男人的條件真的那麼好，怎麼會淪落到網路上找對象。

要辨識一個男人到底是不是狐狸先生，其實很容易：

聽得見卻看不見的好條件

不管妳網路上認識的新朋友，把自己的條件說得多麼天花亂墜，都務必請對方遵守「跨國先視訊，本地先見面」的條件。

很多受害者終其一生都見不著狐狸先生本尊，因為他們打死不肯跟妳視訊，更不可能和妳碰面，他們只願意打打字，最多語音交談。

他們當然不能曝光，當初他們只是隨手下載了某張型男的照片，就準備來和妳相戀，開了視訊不就見光死，他也擔心妳看到他本尊之後，會想一頭撞死。

經常性失聯

出來行騙的傢伙，通常會把自己的角色，設定成事業有成的商務人士，

或者是需要經常飛行的航空界高層。一開始他們就會先打預防針，讓妳可以體諒他們的偶爾失聯，不會心生懷疑。

事實上，因為詐騙是正職，必須同時多處撒網，才可以豐衣足食，自然不可能全心全意只應付妳一人。而且既然詐騙是工作，有上班就有下班，週休二日很正常。

不然就是沒工作，成天無所事事的傢伙，為了打發時間，順便養活自己，就順手改一下社群上的個人資料，接著開始進行詐騙事業。

這些人因為長期賦閒在家，懶惰已成習慣，需要大量的休息時間，當他失蹤的時候，就是跑去補眠的時候。

另外還有一款常見的「本土狐」，把詐騙當成貼補家用的副業。這種人的真實身分通常是業務，因為不用成天待在辦公室，可以利用上班時間外出搞怪。再加上天生一張「業務臉」配上「業務嘴」，只要拿出三分實力，就可以把被害人騙得團團轉。

那些聯絡不上他的時候，其實他都待在家，扮演好男友、好老公、甚至好爸爸的角色。外出詐騙，只是想要騙騙砲，或者賺點零用錢。

廉價又昂貴的我愛你

才認識沒多久，對方就親暱地叫妳老婆，說他真的好愛妳，好想快點把妳娶回家。妳竟然不疑有他，也開心回應。

他說愛妳其實也沒有騙妳，只是最關鍵的兩個字被他消音了，完整的句子應該是「我好愛妳……的錢」。如果妳犯蠢，最後真的會因為那句「我愛妳」把自己搞得傾家蕩產。

他們的不幸跟得上時事

景氣越差，狐狸先生的數量越多。

先撇開狐狸先生的壞，不得不承認，狐狸先生是所有渣男裡頭，最有頭腦，也最求上進的一群。為了不被淘汰，他們的騙術會不斷改良。

當他們捏造詐騙情節時，懂得跟上時事。今年就發生了兩起跨國詐騙案件，一則是「香港男誆武漢肺炎沒錢出境，臺女被筋肉照沖昏頭！急掏十五萬相助」，另一則是「小心上當！『反送中』成詐騙新哏，女險匯八十萬助假男友」。只能說，狐狸先生真的是渣男界的好學生，表現永遠名列前茅，不會重複玩舊哏。

所有看起來有點不合常理的情節，實際上就是不合常理，絕對不是因為妳流年的桃花運大好。天下沒有白吃的午餐，也不會有突然從天而降的男神，妳上輩子又沒有拯救地球，為什麼老天要獨厚於妳，對妳特別例外處理。

從天而降的從來都不會是豔遇，只是厭遇而已（當然《愛的迫降》是唯一例外）。

渣男動物園　二〇二〇年度淨字第三號除渣判決

聲請人：渣男動物園園長　凱薩琳・孔
渣男：詐騙渣——狐狸先生

上列渣男因斂財傷人案件，經渣男動物園園長提起公訴（二〇二〇年度淨字第三號），本園判決如下：

主文

「詐騙渣——狐狸先生」連續犯下「先騙愛、後詐財」案件，判入渣男動物園終身。

事實

被告「詐騙渣——狐狸先生」，老奸巨猾、行騙終日。只要動動口、動動手，就可以讓自己財源廣進。

狡猾的狐狸先生，把詐騙變成了一種職業，甚至發展成一項專業。不管是個體戶，或者隸屬於詐騙集團的狐狸先生，他們都有著相同的工作精神，就是「Get Her All Money ASAP.」。

每一位狐狸先生都是天生的編劇家，擅長處理浪漫愛情故事；同時他們也是影帝，深情角色飾演起來駕輕就熟，讓渴望得到真愛的大齡女子，壞了腦子，也丟了金子。她們以為找到了王子，其實是遇上了騙子。

不同於大多數渣男的隨機犯案，狐狸先生都是預謀性犯案。他們有一套制式的 SOP，只要鎖定被害人，犯罪行動就正式啟動。

打從一開始，狐狸先生就是個「虛擬人物」，被害人終其一生，可能都見不上他們一面。外國籍的狐狸先生，像個永不露面的藏鏡人，本國籍的狐狸先生，就算以真人姿態現身，也是假身分出現。

　　狐狸先生行騙的方式，會依被害人的財力而定。如果被害人經濟條件普通或欠佳，那麼他們會一筆一筆騙；要是被害人經濟優渥，那麼他們會採一次性騙款。不管是哪一種，詐騙金額都相當龐大，可能是被害人攢了一輩子的積蓄。甚至有的被害人為了從天而降的真愛，跑到銀行借貸。

　　狐狸先生憑著天生的矯捷身手，來無影也去無蹤。初登場的時候，讓被害人怦然心動；捲款落跑的時候，被害人可能還沒弄清楚到底發生什麼事情，狐狸先生早已銷聲匿跡。

　　這群狐狸先生明明好手好腳，卻不肯好好賺錢，憑著自己的高智商，在網路世界裡，以愛之名，行斂財之實。

　　被害人只要上當一次，就會開始澈底自我否定，從此很難再相信人性，也會澈底否定愛情，更慘的是，存款數字還會瞬間歸零，甚至高額負債，搞得自己人財兩失。

　　渣男動物園法庭宣判，「詐騙渣──狐狸先生」，判「哆啦A夢的麵包手」以及「Hello Kitty的無嘴口」之刑罰。以紗布綑綁雙手，並用膠布黏貼嘴巴，讓他們不能打字，也開不了口，終生再也無法行騙。

　　本案判刑定讞，不得上訴。

西　　元　　２０２０　年　７　月　１０　日

軟爛系渣男──貓熊先生

渣男指數　★☆☆☆☆
危險指數　★☆☆☆☆
常見指數　★★★★☆

外號：沙發馬鈴薯｜懶鬼｜懶惰蟲

品種：大爺體質｜懶癌患者｜茶來張口｜飯來伸手

總結：石化般存在。

No.004

軟 爛 系 渣 男

寵物渣，中看不中用，石化般存在。

【無渣環境・妳我有責】渣男通報專線：Author / 凱薩琳‧孔 캐서린‧콩 : https://www.facebook.com/TRASH.MAN.ZOO
Illustrator / LazyDon : https://www.facebook.com/LazyDon.2019

「寵物渣・貓熊先生」，貌似可愛，實則不耐相處。

貓熊先生像「靈體」一樣，專門附體在穩定交往中的男子身上。一旦成功附身，從此很難退駕，唯有高人中的高人才能解開。

當男人「貓熊上身」之後，變胖變笨不說，還會變得超級懶，幾乎失去生活自理能力，成天幻想自己生來就有「茶來伸手、飯來張口」的大爺命。

當人生以「懶」為目的以後，貓熊先生對萬物都顯得意興闌珊，要他們做什麼都懶。每回開門看到貓熊先生，他們都像了無生趣的趴趴熊，連情慾都失去，完全不想跟妳啪啪啪。

妳開始不解，明明他當初不是這樣，現在怎麼變成這個樣？

交往前他是隻小蜜蜂，天天在妳身邊嗡嗡嗡勤做工；交往後怎麼變成了胖貓熊，夜夜在沙發上打呼磨牙夢周公。

貓熊先生動不動就喊累，可是和他相處妳的心更累。

兩人獨處時，他好像存在，又好像不在，問個話，都要重複很多遍才有回應。而且開口超省話，通通以「喔」、「嗯」、「好」、「沒」、「OK」、「NO」等單字回應。

他雖然嘴巴喊累，身體卻很誠實，可以無止盡地滑手機、打電動、玩手遊，大方地把妳晾在旁邊。如果妳不能接受他的行為，就會被冠上不體貼的罪名。

當一個人開始發懶，另一個人就得變得勤快。

貓熊先生他的成堆家事，通通成了妳的事；妳所在意的大事，對他來說卻都是芝麻綠豆的小事。

就算不在彼此身邊，也沒有因為距離產生美感，妳的訊息他不是不讀不回，就是已讀不回，不然就是隨便丟圖敷衍。以前落落長的情話說得天花亂墜，現在卻患了「重度失語症」。

殘忍的是，妳慢慢會發現，貓熊先生的懶，根本衝著妳來，一旦跑出妳視線之外，他就是一尾活龍。情況再糟一些的，就會發展成「在家是貓熊，出外變情聖」甚至「在家是貓熊，出外變淫蟲」。

一個人「懶」久了，就會開始往「爛」發展。當妳發現穩定交往的男友，好像被調包，成了活化石一尊的貓熊先生，一切就再也回不去了。

當一個男人開始發懶，就代表他變得無心、自私、本我主義。妳的存在，就是為他提供專職的勞動服務。懶是一種病，懶起來會要妳命，因為妳不只會被活活氣死，還會做牛做馬過勞死。

他已經沒有那麼喜歡妳了，都怪妳的寬大，讓他肆無忌憚。在他眼中，妳和他的媽沒兩樣，除了餵他吃奶做不到，其他根本使命必達。

我想起了古代《烙餅師傅和懶妻》的故事。

烙餅師傅因為忙著賣餅，年紀很大才娶妻，他的妻子「蘭花」是個高挑纖細的大美人兒。

因為蘭花從小養尊處優，出嫁前，父母什麼事情都捨不得讓她做；出嫁後，烙餅師傅更是因為好不容易才討到老婆，把蘭花當公主伺候，蘭花成天都躺在床上發懶。

為了怕妻子餓著，成堆的食物通通堆在床頭，原本瘦得像根竹竿的蘭花，很快地像充氣般，變成圓滾滾的大球。

某天，烙餅師傅接到遠方親娘生病的消息，急著回家探病。因為擔心蘭花沒人照應，所以他做了一個二十斤的大圓餅，掛在蘭花脖子上。他告訴蘭花：「這大餅夠妳吃上十天，我去去就回來。」

烙餅師傅的娘，一見到兒子，開心地大病痊癒，烙餅師傅因為放心不下蘭花，匆忙啟程趕回去。

回到家一看，蘭花竟然死了，因為她啃完嘴前的餅之後，懶得伸手把圓餅轉一下，就被活活餓死了。

這個故事很警示，它告訴我們，所有的「懶」，都是被寵出來的，如果愛一個人，就不要害他。對於「懶癌」，要採取「預防重於治療」的態度。

貓熊先生的懶，根本眾人皆知，舉世聞名，不然「foodpanda」為什麼要叫「foodpanda」，「空腹熊貓」真的其來有自。

● ● ● ● ● ● ●
寵物渣對付指南

其實所有的貓熊先生，都是女人自己寵出來的，很多女人根本就是「貓熊夢工廠」。

因爲對方一直喊累，就忘了其實自己也會累。一時的縱容發展到後來，都變成綿綿無絕期的溺愛。

對付貓熊先生，需要有長期抗戰的心理準備。

首先，妳要先學會「放手」，公平地分配工作以後，對著貓熊發號司令。然後把自己變成「滾大球高手」，要是他不肯動，妳就得死命推著他動，讓他知道「滾石不生苔，懶惰沒人愛」。

記得他是妳的另一半，不是剛出生的小寶寶。不要擔心他會累，或者擔心他會做不來。他身體健康、四肢健全、好手好腳，做點家事算不了什麼。而且他身材越來越走樣，多點勞動是好事。

如果貓熊先生還是不肯動，妳也不要動，一定要用持久戰來對抗頑固的懶惰蟲，不要自己又犯賤，把事情全部攬回自己身上。「懶癌」眞的沒藥醫，當它全面擴散，病入膏肓，貓熊先生會什麼都擺爛，妳就準備做到死。

明明飯他也有吃，爲什麼菜是妳買、飯是妳煮、碗也妳洗，他只要負責張口吃飯、開口評論就好，他好像眞的把自己當皇帝。

但如果他是皇帝，妳應該是皇后才對，爲什麼把自己搞得像侍女一樣。然後夜深人靜，一切都忙完之後才開始感傷，爲什麼別人有幫傭，而我只有自己一雙手而已。

想起了去年八月看到的一則新聞，知名的中國鋼琴家郎朗，被中國媒體拍到帶著新婚的混血妻子現身機場。身材明顯發福走樣的朗朗，雙手空空，只拿了一張機票晃啊晃，身旁嬌小瘦弱的妻子，卻背著大包小包，還推了一個大型行李跟在後頭。郎朗這麼不像男人的表現，引發中國網友的不滿。事後，郎朗身邊的人出面幫忙緩頰，說他是鋼琴家，爲了保護手的靈敏度，才

會避開提重物。好笑的是，郎朗的妻子也是鋼琴家，沒道理郎朗的手是手，她的手不是手。

所以真的不要以為別人看到妳為了另一半做牛做馬，會覺得妳有多賢慧。旁人只會覺得妳真歹命，跟了一個不對的男人。

「慈母無孝子，善女無善終」，是千古不變的道理。講得更直白一點，跟一個不事生產，又無性無慾，只想躺平的雕像在一起是要做什麼？

妳是他女友（或老婆），不是他媽；你們之間是愛情，不是親情。請讓自己滿出來的母愛少一點，這樣妳付出的勞力也會少一些。

妳把貓熊先生寵得跟廢人一樣，這樣他下一個女友的日子會有多苦？請不要這樣害己又害人。

渣男動物園　二〇二〇年度淨字第四號除渣判決

聲請人：渣男動物園園長　凱薩琳・孔
渣男：寵物渣——貓熊先生

上列渣男因懶惰傷人案件，經渣男動物園園長提起公訴（二〇二〇年度淨字第四號），本園判決如下：

主文

「寵物渣——貓熊先生」連續犯下「爽到自己，累死別人」案件，判入渣男動物園終身。

事實

被告「寵物渣——貓熊先生」，好吃懶做，坐享其成，他們存在的目的，只是致力提高無辜女子的勞動力。

曾經貓熊先生也是肉食性動物，後來因為懶得捕食，現在改茹素，所以每一尊貓熊先生都跟「草食男」沒兩樣。

他們篤信「佛系戀愛法」，不說話、不回訊、不打砲，不幹活、不付出，緣分到了，女友自然會接受（或放手）。

幾乎每一隻貓熊先生，當年都是玉樹臨風的大情聖、大帥哥，無奈歲月的摧殘，讓他們自暴自棄，變成肥嘟嘟又沒路用的活標本，放在家裡占空間又製造髒亂。

貓熊先生無時不懶、無處不懶、無所不懶。對於不想做的事情，他們通通拿「累」來搪塞。如果被害人不能理解也無法接受，那麼就不是好女友，他們會反過來責備被害人自私自利只愛自己。

當男人開始發懶，就會沒有責任感，他們不在意日子了無生趣，只要沒

忘記呼吸就好。因爲過著茶來伸手、飯來張口的帝王生活,養尊處優使得他們延年益壽,被害人卻因此短命,因爲沒有人可以頂得住長期的身累心也累。做牛做馬做到死,拿不到半點鐘點費,還搞得一肚子氣。

渣男動物園法庭宣判,「寵物渣──貓熊先生」,判「園區清潔專員」之刑罰,從此一年三百六十五天,每天二十四小時,撿垃圾、清糞便、也掃落葉,負責園區整潔。就跟 7-Eleven 一樣,全年無休,Always Open!

本案判刑定讞,不得上訴。

西　　　元　　２０２０　年　７　月　１０　日

花心系渣男──豹先生

渣男指數　★★☆☆☆
危險指數　★★☆☆☆
常見指數　★★☆☆☆

外號：淫魔｜夜店咖｜把妹高手
品種：花花公子｜性愛機器｜夜行動物｜攝（色）影師

總結：穿脫都一樣。

190
180
170
160
150
140
130
120
110
100

No.005

花心系渣男

法克渣，泡妞兼打炮，穿脱都一樣。

【無渣環境 · 妳我有責】渣男通報專線 : Author / 凱薩琳·孔 케서린·공 : https://www.facebook.com/TRASH.MAN.ZOO
Illustrator / LazyDon : https://www.facebook.com/LazyDon.2019

「法克渣 ‧ 豹先生」，風騷也風流，用下半身的爆發力，遊走江湖。

豹先生才不理「我愛故我在」那一套，他們虔誠信仰「I Fuck, Therefore I Am（我幹故我在）」並且徹底實踐。

豹先生的外在辨識度很高，他們喜歡穿著誇張又華麗的衣服，搭配 Bling Bling 的項鍊和戒指。身上的香水味，是一整瓶香水的濃度，還未見其人，就已經聞到刺鼻香。

豹先生經常和時尚雜誌裡的國際巨星撞衫，可是那些行頭在他們身上，有種說不上來的奇怪。他們就是有辦法把貴桑桑的名牌衣服，穿得很廉價，都怪氣質出了問題。

不過豹先生一點也不在意那身衣服在他們身上有多違和，因為他們穿衣服是為了要脫掉，脫掉之後，完事後又會再穿回去。反正他們不管裸體還是非裸體，都是一副想要快速把人撲倒的飢渴樣。

豹先生大部分出身於富貴人家，卻是不成材的富二代，淨土裡冒出來的垃圾。

因為他們習慣用下半身思考，上半身早已退化成無腦狀態。父母擔心這個家族的瑕疵品惹人非議，被人譏諷一事無成、無所事事，通常會在自家企業，安插一個「特助職」的位子給他。對他的要求沒有其他，只要準時打卡，坐好坐滿就好。

白天在公司，豹先生閒來無事就虧一下年輕的助理小妹；午餐時間晃出去溜達，興致一來就隨機探樣，抓一個路人搭訕。好不容易熬到了下班，豹先生的一天終於正式開始，他的下半身開始暖機，準備前往夜店啟動。

豹先生身為夜行性動物代表，他多希望可以永夜，沒有白晝，這樣一來，整座城市無時無刻、隨時隨地，都是他的專屬砲房。

豹先生雖然什麼正事都不會，但是上天把他們上半身的窗戶關起來，就會替他們把下半身的門打開。

勤勞一點的豹先生，會徵求獵物同意，只要雙方情投意合，就可以找個地方進行交配；懶惰一點的豹先生，懶得獵豔，每到特種行業場所，就會開

眼看看哪裡有屍體可撿，然後當起撿骨師，把屍體扛走。

部分無良的豹先生，他們有著不爲人知的特殊專長與癖好，就是「攝影、色影、射影」一次完成。他們會想辦法讓已經有幾分醉意的獵物，深度昏迷，接下來他們想對屍體做什麼都可以。

那個長相很糟、身材很爛、頭都禿了的李姓富少，當年曾經轟動一時，因爲他不只把三十多名女藝人及小模帶回家，還涉嫌對她們下藥，拍下性愛影片及裸照。搞到最後，一堆當紅女明星都是他同期的床伴，裸體還放送給全國看。

還有另一種出身的豹先生，他們通常是演藝圈要紅不紅的小咖藝人，不然就是大紅特紅的一線藝人。

小咖藝人和一線藝人不同，知名藝人是很怕被人認出來，但是小咖藝人是怕沒有人認出他們來。

他們可以拿來說嘴的代表作，一個都沒有，但是騙過的無知少女和老少女，倒是不少。

他們會善用自己奈米般大小的名氣來「約炮」或是「騙砲」，當新聞鬧上檯面，觀眾必須把下巴扶好，才不會張口驚訝到脫臼。因爲正常人根本完全不能理解，爲什麼會有女人被那種貨色騙到床上去，而且還不只一個。

最經典的就是那個之前臉被燒到的秦姓藝人，即便他身材矮小，被燒前跟被燒後都始終如一地其貌不揚，卻成功在他家裡性侵了八名女性，其中還包括一名十四歲的未成年少女。

還有一個胡姓男藝人，老婆臨盆在即，卻跑去夜店撿屍，成功撿骨後，獸性噴發，在樓梯間就開工幹活，也是一個荒謬至極。

至於大紅特紅的一線藝人，應該就屬最近慘遭中國富二代女友揭露獸行的羅姓男藝人（又稱亞洲舞王）最了不起。前女友在微博上寫下千字文，公開羅姓男藝人的特殊性癖好：「有女友還四處約炮」、「和兄弟們經常舉行多人運動」、「和旗下女藝人、化妝師有長期不正當的男女關係」，羅姓男藝人已經完全渣出豹先生的新高度，難怪前女友會說：「他渣是天生的」。

豹先生的壞，起因於上半身的腦細胞澈底報廢，引發下半身的運動量需求暴增，導致他們必須經常埋頭苦幹，才不會覺得空虛寂寞。

或許是因為知道別人背地裡都在嘲笑他們什麼都不會，為了證明自己並非一事是無成，他們才致力發展人體特殊潛能：自體隨時補充威而鋼，方便臨時提槍上陣；也可能因為他們天生沉溺於女色及性愛，才搞得自己一事無成。

這個「雞生蛋，蛋生雞」的問題，永遠無解。但是唯一可以肯定的是，豹先生的大腦小腦已經通通移植到下體去，那裡才是主宰他一切行為的中樞。

老實說，豹先生都長得一副顯性淫蟲樣了，要是還有人上鉤，那個人不是太傻，就是跟他一樣壞。

傻的人，可能需要看腦科來治療，或是透過吃腦來補腦；壞的人就沒差了，反正公豹配母豹，打完一炮，各自鳥獸散。

碰上豹先生的風險，可大可小。小的是，莫名其妙白白被睡了一場，只要妳不說他不說，沒人會知道；大的是，妳可能會感染性病，還會留下妳是主角的性愛實錄。

只要一不小心，或者有心人故意，妳的裸體就會在網路上大肆流傳。人家日本的 AV 女優拍 A 片都有錢可以拿，可是妳被一個爛人白睡之後，身體還要被一堆人免費看光光，這樣真的好慘又好虧。

● ● ● ● ● ● ● ●
法克渣對付指南

當全世界都把新聞焦點放在對抗武漢肺炎疫情，四月二十三日上午九點整，中國網紅周揚青一封極具毀滅性的公開分手信，揭發了羅志祥「約砲」、「出軌」、「多 P」等多項罪行，讓羅志祥形象重創，震撼了臺灣和中國的媒體。

根據周揚青信中的描述，羅志祥絕對是豹先生代言人的不二人選，難怪

羅志祥本人超愛穿豹紋衣，自創品牌甚至曾經推出從頭到腳全系列的豹紋商品，連口罩都豹紋的。

要如何對付豹先生，讓他們從此成為人人喊打的過街老鼠，周揚青的分手信已經立下一個很難超越的超完美範本。信中，她指控羅志祥的五大罪狀：

罪狀一：我不在的幾乎每一天，你都會約女生來家裡，關鍵還都是不同的。

罪狀二：你去到每一個城市，都有可以約到酒店的女生。

罪狀三：你和曾經介紹給我見過的你旗下的女藝人，甚至你的化妝師，都有長期不正當男女關係。

罪狀四：你和你兄弟們對於那些被你們叫出來玩的女生是如此的不尊重。

罪狀五：你們還會經常舉行正常人都無法想像的「多人運動」。

之所以交往九年才發現男友是豹中之王，是因為兩人相隔兩地。而且一開始羅志祥就表明，兩人交往最重要的就是彼此信任，看彼此手機會打破這種信任。

可是周揚青終究還是看了，就像打開潘朵拉的盒子，驚見裡頭有好多見不得人的祕密。

羅志祥被公開的惡行，就像活體教材，讓大家有機會窺探豹先生的世界到底如何運行。

祕密藏在手機裡：

對於豹先生來說，手機根本就是「約炮神器」。

想也知道，一個坦蕩蕩的男人，才不會特別交代另一半不要看他手機。手機裡面肯定藏了見不得人的東西，才會搬出「信任」兩個字。

這回，周揚青不只看了羅志祥的手機，更意外發現他竟然有第二支偷情專用手機，簡直是韓劇《夫婦的世界》的真實版，證明了「狡兔有三窟，渣男有二機」。

所以如果妳的另一半總是手機不離身，很怕手機落單，也很怕手機落到妳手上，不要懷疑，手機裡頭一定有鬼，請想辦法破解。要是對方表現地過度老神在在，妳也要提高警覺，說什麼都要努力翻出第二支手機。

豬哥兄弟幫：

羅志祥有一群兄弟幫，號稱「Party Boys」。

早年就被爆料，羅志祥是幫主，八人經常舉辦乳池肉林趴。因為幫主的號召力夠，只要有他在，保證可以約到很多大奶無腦妹，所以兄弟們一直死心塌地跟著他。

這回，周揚青更踢爆「豬哥兄弟幫」對叫出來玩的女性不尊重，甚至經常進行「多人運動」，古人說「近朱者赤，近墨者黑」，果然有憑有據。

所以如果妳的另一半經常跟一些豬朋狗友、狐群狗黨鬼混，那麼他們很有可能是另一個「豬哥兄弟幫」。千萬不要以為一群男人一起玩就一定很安全，一群男人聚在一起的好處就是，可以一起壯膽、一起幹盡壞事，再彼此掩護。

最安全的人，往往是最危險的人：

聽過好多這樣的例子，男方大方介紹他的女同學、女同事、女室友給另一半認識，女孩子的第六感都準得要命，第一時間就警鈴大響，察覺有些不對勁，但是下一秒又會安慰自己不要想太多。既然男方不避諱讓彼此認識，應該不會出什麼事。

可是渣男往往和一般人想的不一樣，他刻意安排雙方碰面，不只可以降低元配戒心，也可以讓小三識相地不吵不鬧，這樣他的姦情就不會曝光。

這也是為什麼周揚青被瞞了九年才發現，原來羅志祥一直跟他旗下女藝

人還有化妝師有著長期不正當的男女關係。

　　真心覺得，羅志祥真是很了不起，以四十歲這個年紀，很多男人的某器官已經逐漸退化成只剩下排尿功能，他竟然可以天天開工，威而鋼真的應該要找他幫忙代言。Slogan 我都幫他想好了，中文版就「我幹故我在」，國際版就「I Fuck, Therefore I Am.」

　　雖然我一直覺得羅志祥氣質很差、穿衣服品味很糟，但是「名氣是春藥」，還是有很多迷妹對他死心塌地，他自創的潮牌銷量也好到嚇死人。所以他只要登高一呼：「今天誰要被我睡啊？」舉手報名喊：「選我！選我！」的人，應該足夠讓他埋頭苦幹好幾年。

　　那些和羅志祥睡過的女人，哪一個不知道他有女友？

　　這世界上最不缺的就是渣男和賤女，渣男踐踏了自己既有的一段關係，而賤女的眼裡看不到別人先前已經存在的關係。

　　經由這次事件，臺灣男人的渣，已經渣到中國去，還得到了「天生渣」的認證，真的好丟臺灣的臉。

　　一個女生可以有多少九年，周揚青人生中最精華的時間就這樣被糟蹋了。從周揚青的發文可以知道，她之前就抓過羅志祥劈腿，但是最後都選擇原諒。事實證明，會犯錯的就是會繼續錯下去。過去選擇原諒，後來換得的都不是浪子回頭，而是千金難買早知道。

　　祝福羅志祥，繼續活在槍林彈雨的世界裡；更恭喜周揚青，掰了這個全身上下只剩下一個器官的男人。

　　周揚青用自己九年的血淚，幫助很多傻女孩開眼醒腦，實在是功德一件。

渣男動物園　二○二○年度淨字第五號除渣判決

聲請人：渣男動物園園長　凱薩琳·孔

渣男：法克渣──豹先生

　　上列渣男因流彈傷人案件，經渣男動物園園長提起公訴（二○二○年度淨字第五號），本園判決如下：

主文

　　「法克渣──豹先生」連續犯下「隨機交配、砲彈四射」案件，判入渣男動物園終身。

事實

　　被告「法克渣──豹先生」，體內有一座軍火工廠，二十四小時生產槍砲彈藥。「約炮」、「撿屍」已經成為他們的生活日常，整座城市都是他們的砲房。

　　豹先生生性濫情、放蕩，可以完全做到性愛分離。砲友對他們來說，就像集點卡上的點數，集越多，終身成就也越高。

　　豹先生把生殖器官當成維生器官，要是不能盡情運作，就會感覺自己瀕臨死亡。他們堅信「打砲乃養身之道」，只要能睡盡千千萬萬的天下人，就可以生龍活虎。至於怎麼睡、跟誰睡，他們倒是都很隨便。

　　因為對自己的性徵及性功能充滿信心，豹先生為了讓更多人受惠，通常會採取三種套路搜集床伴。

　　套路一：擺明只約炮

　　玩家碰上玩家，遊戲規則講清楚就好，一切你情我願，沒有半點欺騙。要是這回的體驗感覺還不錯，下回有空再約；要是彼此性器不合，從此人生

不再相見。雖然看起來沒什麼大礙，但是叫正宮情何以堪。就算撇開道德問題不談，還有傳染病問題要擔心。

套路二：假交往，真騙砲

豹先生謊稱要跟被害人認真交往，被害人半自願把衣服脫光光。被害人以為睡完這一夜以後，接下來可以連睡一輩子，睡完才發現豹先生前戲說的都只是場面話，傻子才當真。

套路三：硬著來

豹先生跑到夜店下藥，撿屍，趁著被害人失去意識，把屍體扛回去處理。被害人醒來後，質問到底怎麼一回事，豹先生會謊稱昨晚發生的一切都是妳情我願。

豹先生這種人人都能上的行為，簡直禽獸不如，但是卻在品行同樣低劣的雄性動物間，流傳為佳話。他們好羨慕豹先生的豔福不淺。有的甚至決定直接加入豹先生家族，從此體驗「千人斬男」的性福。最低等的豹先生甚至會偷裝針孔錄影，簡直是喪盡天良的攝影師。

渣男動物園法庭宣判，「法克渣——豹先生」，判「斬草除根」之刑罰。考量豹先生全身上下，只剩下「生殖器」這個器官還能正常運作，園方決定將該器官切除，讓豹先生整個人澈底報廢，再也威風不起來。同時也擔心禍延子孫，為了不讓現世報發生在豹先生的孩子身上，從此絕子絕孫對於豹先生來說，絕對是恩惠。

本案判刑定讞，不得上訴。

西　元　２０２０　年　７　月　１０　日

扯謊系渣男──大象先生

渣男指數　★★★☆☆
危險指數　★★☆☆☆
常見指數　★★☆☆☆

外號：白賊七｜皮諾丘｜騙子
品種：厚臉皮｜貌似忠良｜臉不紅氣不喘

總結：臉皮厚過銅牆鐵壁。

190 —
180 —
170 —
160 —
150 —
140 —
130 —
120 —
110 —
100 —
90 —
80 —

No.006

扯謊系渣男

白賊渣，貌似忠良，臉皮厚過銅牆鐵壁。

【無渣環境 · 妳我有責】渣男通報專線：Author／凱薩琳·孔 케서린·꽁：https://www.facebook.com/TRASH.MAN.ZOO
Illustrator／LazyDon：https://www.facebook.com/LazyDon.2019

「白賊渣‧大象先生」，英文名 Liar，渣男動物世界的皮諾丘。說謊對他們來說，是一種情不自禁，而且他們可以把謊說得理所當然，也說得理直氣壯。

大象先生說謊的功力，幾乎勝過好萊塢編劇。他們成功掌握了「五 W 一 H」：Who（事件主角）、When（事件發生時間）、Where（事件發生地點）、What（發生了什麼事）、Why（事件發生的原因）以及 How（事件發生的經過），可以把謊話說得天衣無縫。

依照謊言比例，大象先生口中的謊言有兩種：一種是「無中生有」，從頭到尾都是杜撰出來的；另一種是「片段式說謊」，話裡真真假假，他們會針對無法公開的部分，進行改寫、潤飾。

因為大象先生擁有得天獨厚的說謊優勢，他們外表忠厚老實，還天生自帶厚臉皮，說起謊來臉不紅，氣不喘，不費力氣就能把另一半騙得團團轉。

要是另一半對他們產生懷疑，大象先生只要稍微假裝無辜：「妳看看我的臉，像是說謊的樣子嗎？」就能輕易矇混過去。

大象先生說謊的目的，會因交往程度而有所不同。

交往之前，出於虛榮，他們會針對「身分」與「條件」扯謊，謊報自己的學歷、經歷、工作、頭銜、收入，目的是為了掩飾自己的自卑。他們認為必須塑造一個理想中的自己，才能和對方匹配。

正式進入交往關係以後，大象先生之所以說謊，是為了隱瞞。謊言絕大多數都與「情感」及「金流」有關，他們隱瞞自己的感情不忠，也隱瞞財務的真實流向。

另外還有一款極品大象先生，說謊的本能已經完全內化，以至於完全無法說真話。但是這種個案太激烈，這裡先省略不討論。

對於大象先生來說，之所以選擇說謊，是因為他們有自知之明。他們很清楚五 W 一 H 裡頭，至少有一點見不得人，選擇說謊可以省掉很多事，也不會給自己添麻煩。

比方說，妳問他：「昨晚一整晚都找不到人，你到底跑哪兒去了？」大

象先生告訴妳，他和哥兒們打了通宵的麻將，因為朋友家收訊不好，加上後來手機沒電，才暫時失聯。

實情是，昨晚他是真的整晚和哥兒們在一起，但是他們從事的休閒活動不是打麻將，而是相約去嫖妓。大象先生很清楚「What（發生了什麼事）」要是曝光他就死定了，所以他竄改這部分的答案。

又比方說，妳問大象先生：「為什麼最近一直加班？」大象先生說：「最近公司業績不好，老闆要我們和客戶維繫感情，每天下班後都要和客戶應酬。」事實是，他外遇了，這一回大象先生徹頭徹尾杜撰了一個五 W 一 H 的回應。

好多大象先生的另一半，都是最後一個發現殘酷真相的人，她們之前總是自信滿滿，堅信自己的男友或老公絕對是最不可能劈腿的人。

她們到底哪來的自信？要怪就怪大象先生的長相實在太樸實無華，怎麼看都不像會搞怪的咖。她們認為，就算大象先生想搞怪應該也沒什麼搞頭，外頭的女人應該沒有那麼不挑。

問題正出在這兒，這年頭因為量產壞蛋，所以大象先生的安全版長相，自然讓女人卸下心防。可是別忘了「最危險的地方，就是最安全的地方」，同理可證「看起來最安全的人，往往才是最危險的人」。

港片《倚天屠龍記》裡，張無忌說過一句話：「不光是漂亮的女人不能相信，連貌似忠良的男人也不能相信。」絕對是最經典的忠告。

隨著幹的壞事越來越多，大象先生說的謊話也越來越多，最後呈現樹枝狀散開，錯綜複雜。他們的鼻子也越伸越長，越翹越高，開始對於自己說謊的功力感到自豪。

終於東窗事發的那天，大象先生的反應通常先是「死不承認」，反過來要求對方拿出證據；不然就是「惱羞成怒」，責備對方為什麼不信任他；再不然就是「苦情攻勢」，拚命地裝無辜、裝可憐。

等到人贓俱獲，大象先生會不知羞恥地說：「說謊是因為我愛妳。」、「之前之所以說謊，都是為了妳好。」、「因為妳忙於事業，把我冷落，我

才會一時出軌。」、「我外遇是故意的，目的是吸引妳的注意。」

這真的離奇了，明明是大象先生的不對，怎麼搞得他像被害人，妳才是加害者。

「大象大象，你的鼻子怎麼那麼長？媽媽說鼻子長才是漂亮。」還記得這首兒歌嗎？成人世界的版本不一樣，大象先生的長鼻子一點都不可愛，都是因為愛說謊才會越來越長。

說謊是會成癮的，一日說謊，終生說謊。如果大象先生此刻正對著妳痛哭流涕：「我發誓，我再也不會騙妳了。」如果妳信了，那麼這一次妳就是幫兇，和大象先生一起聯手騙自己。

● ● ● ● ● ● ● ●
白賊渣對付指南

二〇一六年「搞笑諾貝爾心理學獎」得主的研究主題非常有趣，研究結果證實，每個人平均每天會說二・二次的謊。

說謊有時候不見得是壞事，偶爾撒些小謊其實無傷大雅。甚至某些時候選擇適度的說謊，其實比說真話更好，不只保護自己，同時也保護對方。

重點不是說了什麼謊，說謊背後的動機，比謊言本身更重要。

女生最喜歡問另一半：「親愛的，我是不是變胖了？」這絕對是最恐怖的陷阱題，就算女友真的腫一圈，也沒有一個男人會白目到誠實以對：「對，妳最近是豬附身了嗎？」

想繼續活命的人通常會說：「沒有啊，我覺得妳太瘦了，多吃一點吧！」否則接下來他會有好幾天的日子不好過。

另一種情境，女生惹得另一半不開心，一陣撒嬌道歉後，進一步想確認對方是不是還在生氣。這時候就算男方還是一肚子火，也要假裝沒有，才能平息戰火。

另一個女生又怕又愛問的問題：「你以前到底交過幾個女朋友？」這種問題換成對方問妳，妳都可能無條件捨去了，別人自然不可能一五一十的算

給妳聽。

　　再舉一個很有洋蔥的例子，丈夫突然被公司解僱，沒有向老婆坦誠的勇氣。他不希望整個家庭因為他的失業陷入愁雲慘霧，每天假裝照常上下班，其實是坐在公園發呆，和松鼠、鴿子一起等天黑，時間到了再若無其事回家吃晚飯。

　　並不是所有謊言都是不好的東西，以上幾種謊言，不只讓自己好過，也讓對方好過，同時利己也利人。為了保護女方感受而選擇說謊的男人，其實非常用心良苦。

　　但是如果說謊是為了掩飾自己幹過的壞事，或是為了爭奪利益，就很該死。

　　別的國家我不知道，但是臺灣自卑的男人似乎特別多。我不確定跟我臺大畢業有沒有關係，我不只遇過一個男人跟我謊報他的學經歷。

　　一個連學歷、經歷都要造假的男人會有什麼出息？他們自己都看不起自己了，憑什麼要我用正眼看他們。

　　我就碰過逃家出來招搖撞騙的狐狸先生（那個王八在家是頭大象），沒多久就被我拆穿他已婚。天蠍座嫉惡如仇的個性，讓我想要給他一點教訓，於是我連絡上了他的妻子，提醒她多注意，她的丈夫是累犯，同時間四處找尋笨蛋下手。

　　那個王八的妻子知情之後非常震驚，她說她老公是個不可多得的好男人，不只認真上班，更辛苦加班，才會每天忙到三更半夜不回家。

　　後來我輾轉得知，王八的妻子選擇完全原諒，因為王八說，他不捨得看到妻子為了家計這麼辛苦，才會找看起來經濟狀況不錯的大齡單身女子下手。他說他對老女人一點興趣也沒有，他這麼做，一切都是為了她好。

　　這種男人真的出去被車撞死都不意外，說謊到後頭根本走火入魔，相信他口中說的謊言才是真相，還搬出可笑的「為妳好」。

　　梁靜茹的那首「為我好」根本就是專門為大象先生另一半寫的主打歌，一開頭的歌詞就精準到不行。

才知道你臉上的微笑

不是幸福代表　是種不自在的禮貌

才知道感情已經動搖

我一直被誤導　是你還不願意揭曉

太多小煩惱怪我們不懂得拋

太多的問號答案也都不必找

只換來疲勞　忘了要一起變老

為何要無話可說　才懂沉默比爭吵難熬

為何會在恨消失後　愛還是挽回不了

為何要在疼愛我的時候

才對我說　離開我都是為我好

　　沒有人需要這種自以為是的「為妳好」，也沒有人需要這種虛情假意的「為妳好」。

　　千萬不要因為妳的另一半長得平凡無奇甚至其貌不揚，就覺得他很安全，不會有人跟妳搶。別人是不會主動來搶沒有錯，但是妳怎麼敢保證大象先生不會自己去招惹其他無辜受害者。

　　這世界上幾乎不存在什麼絕對安全的男人，而且看起來最安全的往往最危險。女人的第六感通常都準得要命，當妳覺得好像有點怪怪的，那就真的有地方怪怪的。不要在還沒有證實以前，就先責備自己是不是疑心病太重或是想太多。只要覺得不對勁，就要追查到底。

　　一開始先試著抓猴不求人，觀察對方最近和妳相處是不是變得有些心不在焉、手機隨時不離身、回家後經常躲在廁所不出來、動不動就說要加班、變得在意自己的外表、開始穿一些以前不會穿的衣服、幾乎過了晚餐時間才回家、信用卡帳單有幾筆異常消費、兩人的親密行為變少了、他的性情大

變，不是對妳特別殷勤就是特別冷淡……以上只要中了三個以上，就可以確定應該凶多吉少，接下來再決定要不要派專業的偵信社上場。

　　請不要失去實事求是的精神，也不要抱著駝鳥心態，不敢面對眞相。女人經常有一種毛病，他說謊的時候，妳選擇了相信；他說眞話的時候，妳卻當他在說謊，一切都是爲了讓自己當下好過一點，寧可長痛，也沒有短痛的勇氣。

　　問問自己，妳是眞的願意一輩子活在謊言裡，還是願意強迫自己，變成一臺全年無休的專業測謊機？

渣男動物園　二〇二〇年度淨字第六號除渣判決

聲請人：渣男動物園園長　凱薩琳・孔
渣男：白賊渣——大象先生

上列渣男因愚弄良家婦女案件，經渣男動物園園長提起公訴（二〇二〇年度淨字第六號），本園判決如下：

主文

「白賊渣——大象先生」連續犯下「謊話連篇，自欺欺人」案件，判入渣男動物園終身。

事實

被告「白賊渣——大象先生」，天生的編劇家，具有把謊話說得天衣無縫的功力，他們口中的謊言，比真實更真實。

仗恃著自己臉皮厚，說謊絕對不臉紅，再加上貌似忠厚老實是他們的保護色，就算他們謊話連篇，偷偷幹了見不得人的事情，被害人第一時間還是會傻傻相信。

現在的局勢也對大象先生有利，因渣男事件頻傳，很多長輩都會勸誡家裡的閨女：「挑男人不要挑帥的，找個看起來老實的比較安全。」

大象先生的謊言，通常採漸進式。一開始為了接近被害人，他們很有自知之明，知道自己高攀不起。為了贏得被害人的青睞，他們會創造另一個虛擬分身出來，墊高自己的身價，完全就是智慧型犯罪。

要是交往後謊言被拆穿，大象先生會說：「當時都怪我太喜歡妳了，因為覺得自己配不上妳，不得已才撒了謊。」

已經誤上賊船的被害人，也不好多說什麼，只好說服自己：「我是跟他的人交往，又不是跟他的條件交往，他現在對我好比較重要，過去的事情就

算了吧。」

當被害人與大象先生進入了穩定關係，大象先生開始不安於室，在外頭吃起了野食。爲了掩飾自己幹的壞事，他會對被害人進行各種謊言的洗腦，讓被害人誤信他很乖，他沒有亂來，每一次的失聯，他都可以提出正當理由。

大象先生不愧馬戲團出身，具有變身的超能力。在被害人身邊，他僞裝成逆來順受的好好先生，要他滾球他就滾球，要他吃香蕉他就吃香蕉；但是一旦踏出了家門，就變成了「詐騙渣──狐狸先生」或者「劈腿渣──青蛙先生」。

只要大象先生一搞怪，同時間至少會有兩名以上的被害人受害。只要沒被拆穿，正宮一輩子都會認定大象先生是最專情的男子，不知情的小三也會深信自己永遠都是大象先生的唯一。

等到紙包不住火，幹的壞事被挖了出來，大象先生會再次睜眼說瞎話。先是垂死掙扎，大力否認，然後見笑轉生氣，要被害人拿出證據。接著進入聲淚俱下的告解階段，告訴被害人他不是故意的，一切都是突發意外；最後他們會合理化自己的錯誤，指責全是因爲被害人的失責或冷落，他們才會不小心犯了錯。

反正大象先生最厲害就是那張嘴，死的都可以講成活的，不管犯下多少錯，都可以成功爲自己脫罪。

渣男動物園法庭宣判，「白賊渣──大象先生」，立即吞下一千根針，並判「失靈測謊機」之刑罰。從此每說一句話，不管眞話或假話，都會慘遭高壓電擊，讓他永生活在眞假難辨的痛苦裡。

本案判刑定讞，不得上訴。

西　元　２０２０　年　７　月　１０　日

猛男系渣男──猩猩先生

渣男指數　★★★☆☆

危險指數　★★★☆☆

常見指數　★★★☆☆

外號：教練｜猛男｜金剛

品種：頭腦簡單｜四肢發達｜身體結塊

總結：行走的肌肉棒子。

No.007

猛男系渣男

金剛渣，一拳打爆妳，行走的肌肉棒子。

【無渣環境，妳我有責】渣男通報專線：Author／凱薩琳·孔 케서린·공：https://www.facebook.com/TRASH.MAN.ZOO
Illustrator／LazyDon：https://www.facebook.com/LazyDon.2019

「金剛渣・猩猩先生」，近幾年來，突然間一夕爆紅的男子，他們擁有一份爽度最高的夢幻工作──「健身教練」。別人的爽缺是：錢多、事少、離家近，猩猩先生是：妹多、錢多、爽不停。

也不確定一些女孩是真的單純想健身，還是希望增加 Instagram 上頭照片的素材，或者健身其實只是幌子，她們的終極目的，是希望順利找個健身教練撲倒，吃到傳說中的「猩猩肌肉大餐」。眾多原因的加乘，使得女生上健身房的需求大增。

過去，女生理想對象的職業前三名是：醫生、律師、會計師；二〇一八年底，根據某交友 APP 調查，男性的好感度職業排行榜，起了很大的變動，前三名依序是：創業家、健身教練、廚師。

正因為健身教練的身價水漲船高，吸引更多猩猩先生從山洞裡爬出來。

很多猩猩先生變身以前，都是肥宅或是瘦皮猴，減肥成功或者體型變壯之後，就自以為有資格教人。因為這群猩猩先生實務上沒受過專業訓練，心理素質也亂七八糟，搞得健身界各種糾紛頻傳。

會上健身房的女生，簡單可以分成兩種心態：一種是單純想找健身教練上課，一種是只想找個猛男玩玩。後面那種玩別人的同時也被人玩，正負相抵不吃虧，所以不在討論範圍內。前者就無辜了，從一踏進健身房開始，就像小白兔誤闖森林，前方的猩猩先生準備將妳生吞活剝。

一對一的私人教練課堂裡，孤男寡女近距離接觸，為了校正姿勢，免不了肢體上的碰觸，當中還會夾雜著汗水和喘息聲，一不小心就會發展成十八禁。

心術不正的猩猩先生，會以牛郎的手法，經營自己的事業，把健身房變成白天營業的牛郎店，賣課堂數就像牛郎色誘女客買鐘點。

他們不懷好意對著女學員噓寒問暖，刻意表現得溫柔體貼，大搞曖昧關係。只要女學員乖乖淪為「戀愛客」，他們就不用擔心時間賣不出去，自己樂得成為有錢可拿的「鐘點情人」。

女學員這廂會覺得受寵若驚，想不到健身教練竟然看上自己。為了讓兩

人有更多時間培養感情，女學員會主動掏出更多學費買斷猩猩先生的鐘點，同時也防堵其他潛在競爭對手靠近。

就算雙方名義上已經發展成穩定交往的關係，猩猩先生還是有很多顧忌。他會要求女學員不能對外公開關係，也禁止女學員在任何社群媒體上傳兩人的合照。畢竟猩猩先生是靠身體吃飯的，必須保持單身的身價，否則會影響業績。

猩猩先生擅長合理化自己所有的不合理，他們會說，如果不刻意展現溫柔體貼、幽默風趣，其他女學員就會轉檯去找其他猩猩；如果不搞小曖昧，就無法讓其他女學員對他產生黏著度；如果不答應其他女學員的邀請，陪她們出場吃喝玩樂，就違背了「客人最大」的服務精神，會惹得她們不開心。

因為女學員自己就是女人，明白猩猩先生講的也不無道理，但是還是很難吞下那口氣，因為嫉妒和占有是人的本性。可是任憑怎麼吵鬧都沒有用，沒有任何人可以真正成為猩猩先生的唯一，對他們來說，只靠一個人的學費怎麼活下去。

所以如果想成為猩猩先生的另一半，首先必須具備「隱形術」的功力，對凡事更要睜一隻眼閉一隻眼，因為如果耐力不夠，關係根本走不下去。

這種有名無實的關係，正常女生都沒辦法一再地忍氣吞聲。等到她們終於忍無可忍，決心把事情鬧大，猩猩先生就會獸性大發，用蠻力完全壓制對方。他們揮拳如雨，打到對方安靜為止。

事後猩猩先生會裝可憐告解，辯稱都是因為業績不好，經濟壓力已經壓得他喘不過氣，沒想到女友不但沒辦法體諒，還找他麻煩，所以他才一時情緒失控。

猩猩先生會說：「那些女人只是我的衣食父母，我一點興趣都沒有，但是無奈生活所逼，不得不逢場作戲。只有妳才是我的唯一，那些女人都是自己送上門的婊子。」

其實他口中的「那些女人」，涵蓋了全部，當然也包含妳在內，沒有任何一個女人可以倖免。所以千萬不要被玩了還心存感激，被打了還自我檢

討。

雖然一樣都是靠身體賺錢，但是牛郎是真小人，猩猩先生是偽君子。牛郎直接擺明了他就是靠男色賺錢，但是猩猩先生完全是掛羊頭賣狗肉的騙子。

如果妳現在正好是某隻猩猩先生名義上的正宮，對於他口中的那些身不由己感到痛苦，拜託妳快點用力把自己搖醒。妳不是沙包，沒那麼耐打，禁不起肌肉棒子的暴力；妳也不是行動吐鈔機，武漢肺炎的健身淡季，讓妳倒楣成了為受災戶，必須拿錢出來救濟猩猩先生的生計。

莫忘初衷，當初妳只是單純想健身，怎麼搞到最後，包養了一隻素行不良的猩猩。如果其實妳最想去的地方是牛郎店，那就大方去牛郎店消費，幹嘛把「健身」跟「包養」這兩件事情混在一起？

● ● ● ● ● ● ●
金剛渣對付指南

Facebook 上頭有一個「靠北健身界」的粉絲頁，很多人會匿名投稿，分享自己在健身房所遇到的渣人渣事。雖然每個個案的人、事、時、地、物都不相同，但是故事本質幾乎大同小異。

好多女學員在健身房遇到了渣男教練，不只被騙財騙色，還被騙感情。死心塌地交往了一陣子之後，才發現自己不是唯一。大吵大鬧的下場，通常是一頓拳打腳踢。

也曾經有一名失婚的單親爸爸，在「爆料公社」分享他的悲慘故事。一名其貌不揚，身材又很爛的黃姓健身教練，明知他前妻已婚，還是展開了熱烈追求。除了時不時就會傳送噓寒問暖的訊息，也會不定期發送自己的裸照給他前妻欣賞。前妻暈了船，提了離婚，卻發現了黃姓教練其實有一名交往多年的女友。

只能說金剛渣的壞，男人女人都遭殃，還有可能被搞到家破人亡。

那麼多女學員和猩猩先生之間的孽緣關係究竟是怎麼開始的，其實可以

分為「主動招惹」跟「被動吸引」。

「主動招惹」猩猩先生的女生，她們可能有兩種心態。一種是，既然減肥是我一輩子的志業，那麼何不乾脆找個健身教練當男友，就可以省下一大筆教練費。另一種是，我就是要找一個身材銷魂的男友，他們就像行走的荷爾蒙，可以讓我的更年期無限延期。所以她們刻意鎖定猩猩先生為目標，主動投懷送抱。

像這種自己挖洞給自己跳的女生，只能祝福她們一生平安，就算被騙也是自找的。

至於「被動吸引」猩猩先生的女生，就何其無辜了，但是也要怪自己太愚蠢。

她們一開始只是單純想健身，沒想到卻被猩猩先生鎖定為獵物，刻意在課堂上營造很多粉紅泡泡，讓她們掉入陷阱，從此淪為猩猩先生的衣食父母，不只包課，也要包吃包住，甚至包睡。

到底該怎麼防堵金剛先生，其實沒那麼難，只要一旦發現自己的健身教練言行上好像有點踰矩，馬上遠離，不要給自己惹麻煩。

想想，像猩猩先生這種靠女人賺錢的男人，本來就屬於高風險行業，他們每天不知道要一對一近距離接觸多少女人。如果他對妳展開追求，請妳先收起欣喜若狂的情緒，這時候妳該反問自己：「是不是因為我看起來特別好騙？」反正他絕對不是因為妳長得最正、身材最火辣才追求妳，如果這是妳幫自己找的答案，只能說，妳到底哪兒來的自信？要知道健身房最不缺的就是型男和正妹。

或許妳會說服自己，雖然我不是最正最辣的，但是猩猩先生是個重視內涵的人，他欣賞的是我的氣質和靈魂，才想和我進一步來往。別鬧了，兩個人課堂上從頭到尾都在進行身體運動，哪來的空檔進行心靈交流。

不覺得自己很蠢嗎，要花錢買堂數，兩人才有時間約會。乖乖付錢上課還要被人玩免費的，到底為什麼要這麼犯賤。而且這個亂世裡，最不缺的就是渣男跟賤女，如果妳是良家婦女，那麼妳絕對鬥不過猩猩先生，還有那些

誓死都要吃到猩猩大餐的主動女。

一個正派的健身教練，上課就會好好上課，下課就會乖乖下課，界線很分明。但是無良的猩猩先生卻搞得上課的曖昧氣氛像下課，下課後的生活還要女學員採「付費制」才能維持關係。這種人是絕對不可能認真教課，更無心認真經營一段關係。

我自己的公司，在忠孝敦化站附近，幾乎每次一出站，都會在 ZARA 旗艦店的前面，被不同的小鮮肉堵住去路。他們都是附近大型健身中心的員工，希望邀請我去體驗。我都會指著對面百貨公司的頂樓：「我已經在那邊健身了。」他們就會識相地馬上放我離去。

我也有在健身，但是不是重訓，我上的是 Barre，它是一種融合了 Ballet、Pilates、Yoga 的運動。我上課的地方，很多人都笑稱它是貴婦名媛的健身中心。那裡的學員幾乎近九成五都是女生，而我選擇的教練，也以女生或是 gay 為主。我刻意讓自己健身的環境盡量全女性，因為我很清楚我真的只是想要運動而已，不想把單純的事情複雜化。

臺灣哪個女生不知道，健身房裡「渣男」跟「同志」最多，既然這樣，妳還期待什麼「健身情緣」降臨？如果妳真的有心要運動，請替自己找個無渣、無菌、無風險的環境。懂得趨吉避凶，才不會不小心和猩猩先生搭上線，讓「健身房」變成了「約砲房」。

渣男動物園　二○二○年度淨字第七號除渣判決

聲請人：渣男動物園園長　凱薩琳・孔

渣男：金剛渣——猩猩先生

上列渣男因經營地下色情產業，經渣男動物園園長提起公訴（二○二○年度淨字第七號），本園判決如下：

主文

「金剛渣——猩猩先生」連續犯下「假授課，真賣肉」案件，判入渣男動物園終身。

事實

被告「金剛渣——猩猩先生」，靠肉體行走江湖，打著健身教練的名號，掛羊頭賣狗肉，騙財騙色一次搞定。

近年來興起的健身熱，讓猩猩先生成為桃花運爆棚的男子，於是吸引好多男人趨之若鶩，自願成為猩猩王國的一員。

結果搞得健身界素質參差不齊，只要身體稍微結塊，或是會舉舉啞鈴、拿拿壺鈴、也略懂一些健身器材基本操作的傢伙，通通可以自稱為健身教練。

不確定是環境使然，還是本性就壞，猩猩先生把健康產業發展成了色情產業，健身房成了白天營業的牛郎店。

人說：「歡場無真愛。」健身房裡頭也不會有。很多原本只是單純想健身的被害人，踏進了猩猩叢林之後，一不留神，信用卡就拿了出來，衣服也脫了下來。

猩猩先生專找涉世未深又好騙的被害人下手，初期大搞曖昧，是他們銷售私教課的手段。慢慢地，他們會把關係從課堂上延伸到課堂外，引導被害

人和他們進入穩定交往的關係。

　　為了多方開拓財路，猩猩先生不會把雞蛋放在同一個籃子裡，同期的被害人絕對不只一人。他們習慣用相同的招數，讓很多被害人心甘情願地掏錢又獻身。

　　這份工作實在太夢幻，不只被害人會主動投懷送抱，還可以看著被害人為了自己爭風吃醋。只要抓緊著死心塌地的被害人不放，金援就會源源不絕。

　　稱呼猩猩先生為「硬漢」一點都不違和，他們全身上下好多地方真的都硬硬的。他們的肌肉硬硬的，分明得像冰塊；他們的頭腦硬硬的，僵化得像水泥；他們的心腸硬硬的，無情得像鐵石；最恐怖的是，他們拳頭也硬硬的，一出手，就可以把被害人打得鼻青臉腫。

　　渣男動物園法庭宣判，「金剛渣——猩猩先生」，判「施打女性賀爾蒙」之刑罰。從此精蟲數量急速下降、性衝動降低、失去部分肌肉的力量、甚至長出女性的乳房，讓他們最引以為傲的 Man Power 從此澈底瓦解。

　　本案判刑定讞，不得上訴。

西　　　元　　　２　０　２　０　　年　　７　　月　　１　０　　日

口業系渣男──烏鴉先生

渣男指數　★★★☆☆
危險指數　★☆☆☆☆
常見指數　★★★★☆

外號：烏鴉嘴｜賤嘴王

品種：烏漆墨黑｜性喜食屎｜口腔閉鎖不全

總結：嘴賤要人命。

No.008

口業系渣男

臭嘴渣，開口就噴屎，嘴賤要人命。

【無渣環境・妳我有責】渣男通報專線：Author／凱薩琳-孔 케서린-공：https://www.facebook.com/TRASH.MAN.ZOO
Illustrator／LazyDon：https://www.facebook.com/LazyDon.2019

「臭嘴渣‧烏鴉先生」，一開口就造口業，讓聽者瞬間烏雲罩頂。

他們一點都不明白「沉默是金」的道理，無法頓悟「多一話不如少一話，少一話不如不說話」才是他們的人生正途。要他們乖乖閉上鳥嘴，等於叫他們去死一樣難受。

人說：「吃什麼，吐什麼。」不是沒有道理，烏鴉先生喜愛的美食，盡是腐爛的屍體，還有廢棄垃圾，所以嘴裡吐出來的盡是廢話、幹話、屁話、鬼話、反話、垃圾話、難聽話、沒有營養的話、無中生有的話。說了一堆話，就是不能好好說話。

身邊最親密的人，通常是他們練習嘴上功夫的對象。烏鴉先生的嘴就像吹箭，倒楣的另一半整個人從裡到外通通是箭靶，烏鴉先生很清楚擊中個別區塊可以實得的分數，他們的專長就是對著別人的痛點打。

如果心情好，他們可能大發慈悲、嘴下留情，噘嘴攻擊距離靶心較遠的位置，讓受害者好像有點難過又不會太難過；要是不幸遭逢他們的亢奮期或是低潮期，他們肯定瞄準紅心，讓受害者一刀斃命。

雖然烏鴉先生的品種眾多，散布也廣，但是天下的烏鴉一般黑，他們異中有同，講出來的話通常半斤八兩。

「妳的胸部這麼小，胸罩對妳來說都嫌大，妳戴口罩就可以了。」、「妳的腿是大象的義肢嗎，還是豬五花，怎麼這麼粗又油花多？」、「妳的臉這麼大，是被輪子輾過吧！」、「妳屁股這麼大，是想生幾個孩子？」、「妳肚子是裝滿了屎，還是厚片吐司，怎麼比孕婦還要大？」、「妳都三十好幾的老妹了，我還願意跟妳在一起，真是妳的福氣，妳應該對我充滿感激。」

上面這些類似的話，對於烏鴉先生身邊的人來說，應該都不會太陌生。他們特別喜歡拿別人的長相、臉型、身形、體積、年紀來大作文章。

他們的賤嘴到底是出於有意還是無心，其實不可考。當衝突引爆時，他們會狡辯那只是情趣或玩笑，但是他們所認定的無傷大雅，其實都是別人的心裡最痛。

慘遭攻擊的對象，通常會經歷三種情緒：一開始震驚，緊接著生氣憤

怒，最後會戲劇性地轉化成感恩的心。

打從第一時間，烏鴉先生就全面掌控了局勢。當受害者第一次慘遭攻擊，會無法置信自己到底聽了什麼東西。好不容易回過神，決定表達不滿的情緒，這時烏鴉先生會展開第二次進攻，將戰場從「外表」延伸到「內在」，數落受害者修養不好、肚量不夠、開不起玩笑、玻璃心又愛生氣。搞得受害者必須修正自己回應的態度，迎合烏鴉先生「打不還手，罵不還口」的期待。

彼此衝突拉鋸了幾回之後，烏鴉先生說的那些難聽話，在受害者心底生了根，受害者開始相信自己真的就如烏鴉先生所說的那般不美好，反而感謝起烏鴉先生的不離不棄。

這種情節發展一點都不合理，而且荒謬至極。談戀愛又不是在當兵，為什麼要被難聽的話霸凌？

要是妳身邊此刻就有一隻全身發黑的烏鴉，總是朝著妳不吉利地叫個不停，每次一開口就讓妳氣急攻心，拜託快點放生。妳媽生下妳，不是讓妳給烏鴉糟蹋的。

但是野放他以前，說什麼都要給自己一次復仇的機會。

勇敢告訴他關於他的真相，讓他知道其實他不高也不帥、沒有人魚線也沒有六塊肌、髮際線過高、存款過少、沒車沒房、事業高不成低不就，根本帶不出場。

妳理想的男友是跟韓國男神一樣「穿衣顯瘦，脫衣有肉」，而不是一個「穿衣顯腫，脫衣好油」，成天只會呱呱叫的傢伙。

還在羨慕別人為什麼可以擁有「黃鶯牌」或是「喜鵲牌」的男友嗎？別再只是羨慕了，請先遠離那個一身黑的傢伙，彩色人生才會回來找妳。

臭嘴渣對付指南

在妳怪罪為什麼「臭嘴渣」單憑一張嘴，就足以澈底摧毀妳的價值之前，或許妳該先反問自己：「為什麼我的自我價值這麼容易被擊潰？」

不過就是一張烏嘴而已，為什麼可以這麼大言不慚？他的條件跟韓國男神比起來，根本就天差地遠，憑什麼如此猖狂？其實問題的根本在於妳，因為妳對自己沒自信，是妳允許自己的價值活在別人的嘴巴裡，也允許別人無禮地用言語糟蹋妳。

烏鴉先生把自己對於女神的想像，套用在妳身上，只要妳不達標準，他就開口批評。他忘了真正的女神他根本高攀不起，妳也忘了就算妳不是女神，妳也是個獨一無二的珍貴個體。

或許過程中妳曾經試圖反擊，但是他會衝過來再補妳一刀，說妳個性壞、脾氣差，只是開個玩笑而已，何必氣急敗壞。對於烏鴉先生來說，「打不還手，罵不還口」才是好棒棒，最好他痛毆妳左臉的下一秒，妳馬上主動把右臉湊上去讓他打一雙。

可是都什麼時代了，不能這樣放縱「臭嘴渣」繼續享有話語權，新時代的女性要學會正面迎戰，用力反擊。

先笑笑跟他說，他說得都好，他說得都對，他說得棒極了，然後請他喝杯水，休息一下，下半場換妳開始一一細數他的不堪。讓他也感受一下妳的感受，明白言語霸凌絕對是一種暴力，就算外表沒有顯性傷口，內心也會千瘡百孔。

說完之後，請他立刻離境，因為妳的天空不歡迎不祥的烏鴉盤旋。要是他離去之前又拋下什麼難聽的話也無需在意。他造的口業，死後肯定下地獄，「拔舌」酷刑等著他領賞。

再說一次，烏鴉飛走了，喜鵲才會來。

渣男動物園　二〇二〇年度淨字第八號除渣判決

聲請人：渣男動物園園長　凱薩琳・孔

渣男：臭嘴渣──烏鴉先生

　　上列渣男因賤嘴傷人案件，經渣男動物園園長提起公訴（二〇二〇年度淨字第八號），本園判決如下：

主文

　　「臭嘴渣──烏鴉先生」連續犯下「開口噴屎，賤嘴傷人」案件，判入渣男動物園終身。

事實

　　被告「臭嘴渣──烏鴉先生」，喜歡含屎說話，噴出口的每一句話都臭到不行。對此惡行，他們毫無自覺，甚至樂此不疲，爽到自己卻苦了被害人。

　　他們什麼都能拿來嘴，無時不嘴、無處不嘴，全身上下只剩下一張嘴。

　　潛意識裡，烏鴉先生非常不滿意自己天生的黑皮毛，既然注定終生不可能活得精彩，被害人的人生也休想彩色。骨子裡的自卑，造就了他們行為上的自大，為了不讓自己被別人說嘴，他們霸占了先聲奪人的戰鬥位置。

　　既然他無法擁有自信，別人也休想擁有。

　　他們滔滔不絕地對人品頭論足，要被害人相信他們才是真理，他們代表上帝。他們用嘴來幫人打分數，也用嘴來替人定生死。透過把負能量傳遞給他人的過程，病態地從中獲得正能量。

　　被害人反覆經歷了好幾回合的洗腦儀式之後，開始相信自己真的就如烏鴉先生所說的那麼糟糕，進而對於自己的不完美感到羞愧及虧欠，於是感念起烏鴉先生的不棄之恩，搞到最後，烏鴉先生的話通通被奉為聖旨或神諭。

　　渣男動物園法庭宣判，「臭嘴渣──烏鴉先生」，立即賜飲「毒啞湯」一杯，並處以每天沒日沒夜「抄寫園長夫家祖先之論語大作」，重新學習做人處事的道理；每年過年期間，再加碼「寫春聯」。雖然從今而後再也無法開口呱呱叫，但是只要心中充滿吉祥話，開口呼吸也能飄散清香。

　　本案判刑定讞，不得上訴。

西　　元　　２０２０　年　７　月　１０　日

媽寶系渣男——無尾熊先生

渣男指數　★☆☆☆☆

危險指數　★★☆☆☆

常見指數　★★☆☆☆

外號：媽寶｜巨嬰｜Mama's Boy

品種：長不大｜無法斷奶

總結：世上只有媽媽好。

190

180

170

160

150

140

130

120

110

100

No.009

媽寶系渣男

巨嬰渣，聽媽媽的話，世上只有媽媽好。

【無渣環境‧妳我有責】渣男通報專線：Author / 凱薩琳‧孔 케서린‧콩 : https://www.facebook.com/TRASH.MAN.ZOO
Illustrator / LazyDon : https://www.facebook.com/LazyDon.2019

「巨嬰渣・無尾熊先生」，如果他是地球，那他的媽媽就是太陽，他的一生會繞著母親大人公轉，這是一種宇宙恆常，任何外力都無法改變。

不管活到幾歲，無尾熊先生都離不開媽媽，媽媽的育兒袋是他們的避風港。他們很聽媽媽的話，也只聽媽媽的話，媽媽說的話對他們來說是聖旨，不得違抗。

交往初期，大部分女生很難察覺這一回竟然不幸遇上了「超大巨嬰」，反而覺得得到上天眷顧，終於賜給妳一個溫柔、體貼、又善解人意的好男人。

無尾熊先生經常會提起他媽，向妳隨時更新他媽的近況，讓妳覺得「愛媽的孩子應該不會變壞」，也覺得未來的婆婆應該是個溫暖的大人。雖然還沒碰面，妳好像已經和她很熟悉。

無尾熊先生跟以前那些自以為是、自大猖狂、自我主義的男人都不一樣，他會傾聽、會包容、而且很有耐心。他對於女人的了解超乎妳想像，可以讓妳隨時被粉紅泡泡包圍。妳暗自懷疑他是不是情場老手，或者戀愛經驗豐富。

好日子總是結束得特別快，當無尾熊先生帶著妳拜見他媽以後，一切豬羊變色。

第一次見面，妳也不確定是自己太敏感，還是他媽真的刻意不友善，妳可以明顯感覺她不停用鷹眼對妳上下打量，眼底還忍不住流露嫌棄。言談中她會讓妳知道，她們母子間的關係堅不可摧，希望妳能自主意識到她們才是生命共同體，而妳永遠都是局外人，最好不要得寸進尺。

見完無尾熊先生他媽以後，妳和無尾熊先生的關係大概也半隻腳踏進棺材。從此以後，不管有沒有親見無尾熊先生的媽，妳都可以感覺她如鬼魅般的存在。

當妳和無尾熊先生正在外頭享受兩人世界，一通電話就把妳拉到地獄。電話另一頭的聲音很大，妳可以清楚聽到無尾熊先生的媽數落他為什麼不快點回家、吃飯為什麼不能回家吃、看電影為什麼不能在家看……說他有了女

人就不要親娘。接著繼續向無尾熊先生責備妳的不懂事，霸占她寶貝兒子的時間就算了，還浪費他的錢。

被罵了幾回以後，無尾熊先生乾脆把妳帶回家約會，他天真的以為這樣就能一次兼顧兩個女人的需要。

可是妳一踏進他家門，身分就降格為傭人。為了讓無尾熊先生的媽相信妳真的有好媳婦體質，無尾熊先生會鼓勵妳要勤做家事，博取他媽的歡心。但是他媽對於妳的勞動付出卻視為理所當然，做不好還會被責罵。

於是妳切菜的手會抖、煮飯的手會抖、端湯的手會抖、吃飯的手會抖、洗碗的手會抖……，就像得了帕金森氏症一樣。

妳覺得有些委屈，有些事情未免不太公平，怎麼說妳也是別人的寶貝女兒，為什麼無尾熊先生的媽可以這樣對妳？憑什麼妳要忍受這一切？妳受夠了，不想玩了。

可是下一秒，妳的腦袋又瞬間轉彎，告訴自己：「撇開他媽不說，無尾熊先生對我真的不錯，我應該珍惜這個好男人。」所以妳學著忍耐，不管無尾熊先生的媽怎麼亂，妳還是微笑以待。

後來妳聽無尾熊先生說，他媽媽開始翻他的東西，發票、信用卡帳單、銀行存摺，通通被一覽無遺。有些花費根本與妳無關，但是他媽還是通通算在妳頭上。

無尾熊先生的媽對妳的誤解更深了，妳可以被拿來說嘴的東西也更多了。她媽打從心底覺得：這個女人配不上我兒子就算了，還是個敗金女、金光黨來著，準備吸光我寶貝兒子的財產。

當一個女人存心要為難另一個女人，狠起來真的驚天動地，說什麼都要跟妳勢不兩立。當妳再也無法忍受無尾熊先生他媽的無理和失禮，和他攤開來大吵，這時候無尾熊先生會開始分支成兩派：「補償系」與「怪罪系」。

相較於「怪罪系」，「補償系」比較有人性，他們明白自己的媽真的很失控，沒道理讓妳承受那些不公不義。可是他又懦弱怕事，不敢讓媽媽不開心，所以他只能安慰妳不要傷心，也鼓勵妳繼續努力讓他媽媽喜歡上妳。

因為對妳感到虧欠，走「補償系」路線的無尾熊先生會加倍對妳更好，來彌補他媽媽對妳的很不好。但是很多事情真的不是「一土補一洞」那麼簡單，無法正負相抵。

「怪罪系」就真的是無尾熊先生界裡頭，金字塔頂端的代表，他主張：「我媽媽之所以對妳不好，是因為妳還不夠好。」他希望妳可以改進，達到他媽認同的標準。在「怪罪系」無尾熊先生的邏輯裡，千錯萬錯都是妳的錯，他媽媽絕對不會有錯。

妳完全體會了「量變產生質變」，當無尾熊先生他媽開始介入了妳們的關係，從此「三人行必有他老母」，愛情宣告已死，剩下的是女人為難女人的惡鬥。就算無尾熊先生明白妳心裡的苦，他也無能為力，為了自保，他選擇隔岸觀火，不會插手。

當妳無意間再次聽到「世上只有媽媽好」這首歌時，竟然悲從中來，哭了出來。妳還記得小時候每次哼唱這首童歌，總覺得自己很幸福。誰知道，長大後這首歌竟然變成妳現任男友的主打歌，妳覺得很不幸。

大家都勸妳分手，可是妳卻離不開，因為妳知道如果少了無尾熊先生他媽的存在，妳一定可以過著幸福快樂的生活。所以妳安慰自己「有一好，沒兩好」、「沒關係，來日方長，總會苦盡甘來」。而且比起別人總是被男友傷害，至少妳的男友沒有傷害過妳，拿著利器朝妳猛砍的，從頭到尾都是他媽。

請不要再自欺欺人了，一個太怕事、太膽小、太懦弱、怕麻煩、沒有肩膀的男人，絕對也是渣。他自己選擇活在媽媽淫威下就算了，還拉著別人一起跪趴，甚至成為他的代罪羔羊。

請看清楚事實，是他允許他媽那樣對妳的，就算看到妳已經傷痕累累，他也不曾適時阻止，或是對妳伸出援手，他絕對是間接殺人的兇手。

妳討厭過一個人吧，那妳應該很清楚，一旦開始討厭，接下來只會一直討厭下去，被討厭的人除非重新投胎，否則注定永遠無法翻身。所以無尾熊先生他媽只會一直討厭妳，在她心中，妳想要由黑翻白，根本天方夜譚。

當妳們愛得濃情蜜意的時候，或許無尾熊先生的媽還沒辦法馬上拆散你們，但是當關係進入了平淡期甚至風暴期，他聽媽媽的話，把妳甩掉，真的只是剛好而已。那時候妳會發現，過去為了顧全大局而選擇的忍氣吞聲、忍辱負重，真的只是白折騰而已。

妳一定要認清一個事實，屬於無尾熊先生的童話故事結局，注定和別人不一樣，他的版本是：「踢開了 N 個公主以後，從此王子和母后過著幸福快樂的生活。」

妳從頭到尾都只是個跑龍套的，在妳離場之後，他們母子的感情只會更加堅定。

巨嬰渣對付指南

如果少了媽媽陰魂不散的存在，無尾熊先生肯定會是一個溫暖貼心的男友；但是反過來說，如果沒有媽媽的親手捏塑，無尾熊先生後天也不可能養成這種個性。

之所以被歸類為「巨嬰渣」，是因為無尾熊先生無法離開媽媽生活。他們交往時，主打「買一送一」路線：「買兒子，送媽媽」。就算贈品再恐怖或是多麼不討喜，被害人都不能拒收。

很多人無法理解為什麼無尾熊先生會對媽媽如此依賴，其實一個媽寶的存在，背後隱藏了「情感」或「家產」上的糾結。

受「情感牽絆」所養成的無尾熊先生，通常生長在單親家庭，從小由媽媽獨力扶養長大。因為一路走來看到媽媽有多辛苦，所以他們知恩圖報，把媽媽的感受放在自己的感受前面，也把媽媽的需要放在自己的需要前面。他們不太在意媽媽到底講不講理，他們認為：「我媽媽都為了我犧牲了一輩子，我這點犧牲不算什麼。」

至於因「家產牽絆」所養成的無尾熊先生，就是標準的利益貪圖者。這種無尾熊先生通常家境不錯，為了讓自己可以順利繼承家產，他們不敢得罪

媽媽。就算他們心裡再怎麼不認同，表現出來的行為還是服從。

我有一個未婚的女性朋友，年紀稍長我一些。幾年前她高調談了一場戀愛，大家都知道那個男人對她很好，她幾乎相信他就是真命。沒想到幾個月後，劇情急轉直下，她公開宣告分手，理由是男友的媽媽非常不喜歡她。

知道實情後，其實也不會太意外，「愛美人，不愛江山」這種事情根本很罕見。為了不阻斷自己的繼承家業之路，那男人禁不起媽媽的恐嚇，把她給甩了，幾個月後閃電娶了另一個媽媽認可的女生。

所以難怪曾經有人開玩笑：「擇偶時，一定要考慮男方的家庭狀況，優先排名順序如下：一、父母雙亡者，二、父母健在者，三、父存母亡者，四、母存父亡者。」

如果妳的理智，可以催化妳和無尾熊先生的關係有個明快的斷點是好事，最怕的是分不開，接下來的慢性痛苦真的非常消磨意志。

每一個無尾熊先生的媽媽都有偵探性格，而且行動力和復仇力都超級強大。

偷看自己兒子的發票、信用卡帳單、銀行存摺、日記、手機訊息、相片，這些都只是基本日常，當妳入門成了她的媳婦之後，她連妳的東西一起翻。

做壞事的人通常都會心虛，所以她會不時躲在房門外偷聽小夫妻有沒有談論起她的惡行。要是妳對她的寶貝兒子講話稍微大聲一點，她會忍不住馬上破門而入，數落妳的不是。

只要和婆婆同住的一天，婆婆大人版的「情緒勒索」、「冷嘲熱諷」、「晚娘面孔」，每天都要上演好幾回。

我一個朋友跟我說過，她婆婆要求他們夫妻睡覺不能鎖門，好幾次她一覺醒來，一張開眼就看到婆婆站在床邊，簡直白天活見鬼。

這些恐怖事件雖然不會造成外傷，但是長期下來的精神折磨，任何人都會崩潰。

對付無尾熊先生的方式沒有其他，只要堅守「談戀愛就好，跟你結婚免

談」的原則，並且盡量遠離他媽媽的視線。

不要試圖去改變媽媽在他心中的排序，那種幾十年累積的革命情感，不是一個外人可以輕易撼動；更不要試圖討好，無尾熊他媽早就劃地爲王，妳的出現只會讓她警鈴大響，任何殷勤都是徒勞無功的。一山不容二虎，說什麼都不能讓妳爬到她頭上，所以她會竭盡所能的消磨妳的銳氣和意志。

就算無尾熊先生對妳再好再體貼，都不足以折抵他媽媽對妳的不友善。

正常情況下，「他愛妳」和「他愛他媽」應該是兩個獨立事件，但是碰上了媽寶，卻發展成互斥事件。

無尾熊先生本身的問題就很大，難辭其咎。三個人當下的不幸，都起因於他長期以來的逃避，才會發展成無解的難題。

所以戀愛談一談就好，當他開口跟妳論及婚嫁，請馬上逃之夭夭。妳的識相退出，可以完全救援三個人的人生。愛情沒有那麼偉大，偉大到讓妳毀了自己的餘生。

千萬不要把希望放在很久很久的將來，催眠自己準婆婆終究會老，總有一天妳可以和無尾熊先生回歸兩人世界。別傻了，要是準婆婆現在五十幾歲，那妳的悲慘生活最少還要持續三十年。要是他媽媽是人瑞，不只長命百歲，還可能活得比妳長，妳一直到入棺前都還在跟婆婆拉扯。

在無尾熊先生的世界裡，媽媽才是正宮，妳注定是小三，不管怎麼看，不速之客都是妳。妳就大人有大量，好人有好命，不要破壞別人的感情，幫助別人的同時也解救了自己，從此遠離被媽寶和媽寶媽聯手摧毀的人生。

離去前如果妳心裡眞的有怨，不要客氣，對著無尾熊先生大吼一句：「你這個小孬孬，快點滾回你媽的肚子去吧。」

對了，無尾熊先生的媽媽不喜歡妳眞的不是因爲妳不好，在她眼裡，每個女人都不夠格也不及格，賤人怎麼配得上她的寶貝兒子。

渣男動物園　二〇二〇年度淨字第九號除渣判決

聲請人：渣男動物園園長　凱薩琳・孔
渣男：巨嬰渣──無尾熊先生

　　上列渣男因愚孝傷人案件，經渣男動物園園長提起公訴（二〇二〇年度淨字第九號），本園判決如下：

主文

　　「巨嬰渣──無尾熊先生」連續犯下「間接故意傷人」案件，判入渣男動物園終身。「直接故意傷人」之犯者（即無尾熊先生之母親）將一同入獄服刑。

事實

　　被告「巨嬰渣──無尾熊先生」，就算已經大人大種，還是拒絕長大，和母親大人繼續維持麻花捲般的關係，無法獨立生活。

　　因生性膽小、沒有肩膀，無尾熊先生凡事聽從媽媽的指令，就算一輩子都是媽媽手中操弄的傀儡也沒關係，只要不掙脫，天塌下來媽媽都會幫忙頂。

　　在無尾熊先生心中，媽媽就像慈禧太后，絕對性的權威不容侵犯。媽媽說一就是一，沒有商量的權利。

　　他們可以吞下每一次的意見不同，唯母命是從，對無尾熊先生來說，選擇和媽媽維持和諧的共生關係，是最安全也最舒服的狀態。

　　如果無尾熊先生的一生，只需要媽媽這一個女人，那麼他的軟弱根本傷害不了任何人；偏偏無尾熊先生還是需要戀愛，那個不幸被他看上的女人，莫名其妙被開啟了看人老母臉色的小媳婦生活。

　　或許是善意提醒，也可能是刻意引導，無尾熊先生動不動就把「我媽說」掛在嘴邊，希望可以順利將被害人收編為良民，一起臣服於母后的暴政下。

當「強勢媽」和「懦弱兒」的完美組合，加入一個「懦弱兒的女友」，形成的不是三角形的對等關係，反而發展成一條由兩個女人拉起的對立衝突線。

那個「懦弱兒」跑去哪兒了？他選擇置身事外，成為獨立的點。

對於無尾熊先生來說，被害人存在的意義，就是和他一起討好他媽。所以他在場外不停地對著被害人信心喊話：「辛苦妳了，但她是長輩，妳忍著點。」、「加油，妳再努力一下下，我媽有一天一定會對妳改觀。」

這種「不管對錯，只看輩分」的苟且態度，只是強迫被害人和他一起逆來順受。被害人何其無辜，她也是人生父母養，憑什麼承受無尾熊母子雙人組的糟蹋。

孝順沒有錯，但是「孝子」和「媽寶」不一樣。「孝子」尊重雙親，但是不盲從，當兩代意見相左時，他們可以溫和堅定地說出自己的想法；「媽寶」就是另一種外星人生物，因為他們怕麻煩、怕衝突、也怕媽媽鬧自殺，所以不管媽媽說什麼，他們通通說好，不想跟媽媽做對。多一事不如少一事，乖乖聽話才不會惹事。

無尾熊先生的渣，屬於「間接渣」，他們容忍自己的媽媽，對著別人家的寶貝女兒，做出很多充滿傷害或具有攻擊的行為。雖然刀子不在自己手上，但是他眼睜睜看著被害人受苦受難，卻沒有勇氣把刀子奪下來，等於和媽媽一起聯手摧毀被害人的人生。

幾乎每個和無尾熊先生交往過的被害人，都曾深受其害，澈底體驗三百六十度全方位的「婆婆真可怕」。

渣男動物園法庭宣判，「巨嬰渣——無尾熊先生」，判「母子兩人三腳」之刑罰。既然終身離不開媽媽，就讓媽媽陪同一起入獄。將無尾熊先生之左腳和母親大人之右腳捆綁在一起，從此一年三百六十五天，一天二十四小時，分分秒秒都形影不離，相知相惜。

以上判刑定讞，不得上訴。

西　　元　　２０２０　年　　７　月　　１０　日

吝嗇系渣男——雞先生

渣男指數　★★★☆☆
危險指數　★★☆☆☆
常見指數　★★★☆☆

外號：鐵公雞｜守財奴｜小氣鬼

品種：一毛不拔｜斤斤計較｜視錢如命

總結：妳的錢是我的錢，我的錢還是我的錢。

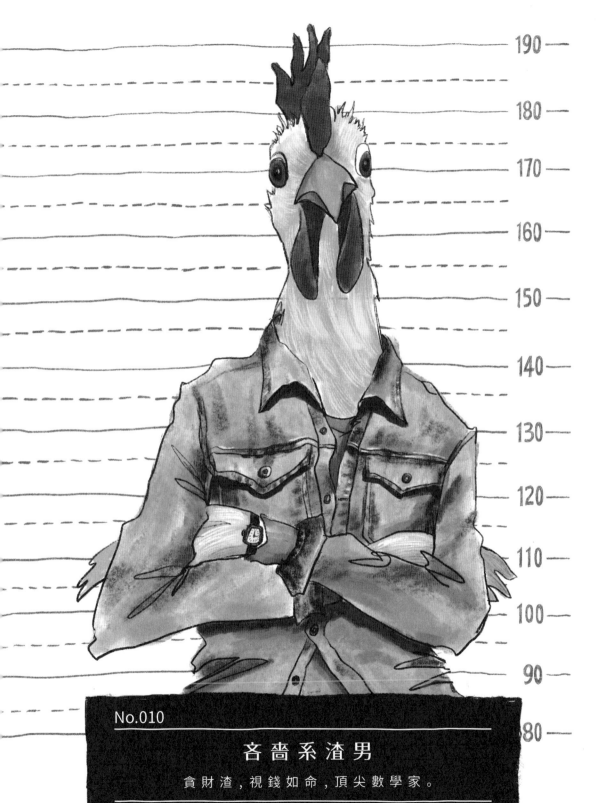

No.010

吝嗇系渣男

貪財渣,視錢如命,頂尖數學家。

【無渣環境,妳我有責】渣男通報專線:Author / 凱薩琳·孔·凱瑟琳·孔 : https://www.facebook.com/TRASH.MAN.ZOO
Illustrator / LazyDon : https://www.facebook.com/LazyDon.2019

「貪財渣 · 雞先生」，頂尖的數學天才，不管走到哪兒，一臺高智能的隱形計算機隨時不離手。

雞先生把身上的羽毛，視為財富。因為天生患有無藥可醫的「禿毛恐懼症」，所以相當愛惜羽毛，掉一小根都會崩潰。

他們幻想將來的某一天，自己可能變成光禿禿的無毛雞，為了防範於未然，他們開始打別人身上羽毛的歪主意，企圖把別人身上的羽毛啄光，通通往自己身上植。正常九十九 · 九九九九％的情況下，「毛髮捐贈者」都是他們身邊的親密愛人。

君子愛財，應該取之有道，但雞先生專走旁門走道。他們總會搬出似是而非的歪理，對妳不斷催眠，讓妳自願乖乖地掏錢出來。

一開始，他們就是 AA 制的澈底奉行者，什麼東西都主張一人一半。講好聽是「一人一半，感情不會散」，其實心裡想的是「一人一半，分手不麻煩」。

雞先生會刻意模糊「小氣」和「節儉」的界線，為了不讓妳太快看穿他們的把戲，他們會跟妳說：「我不是小氣，我是節儉。」、「我現在的節儉，都是為了以後給妳更好的生活。」

等到關係穩定以後，他們會開始理直氣壯管控妳的金錢流向。他們主張：「好女人不會亂買東西。」他們會告訴妳，包包、衣服、化妝品通通是奢侈品，妳的物慾應該從此歸零。最好從此不喝水也不吃飯，每天只要張口呼吸，活得像仙女。

雞先生特別討厭情侶間的重大節日，唯獨雞先生自己的生日例外。

他們對於節日的要求，根本雙重標準。只要是和妳有關，或是妳在乎的大日子，他們通通一切從簡處理；但是遇上了他的生日，他們會把妳當成有求必應的許願池，希望妳「Show Me The Money」。

雞先生們當然喜歡談戀愛，因為只要選對「金雞母」，談戀愛這檔事，既「省錢」又「賺錢」。

當妳終於意識到：原來我男友的節儉是「假節儉」，其實他是「真小

氣」，妳也不知道怎麼辦，因為小氣雖然讓人難受，但是比起感情不忠或者暴力傾向，好像又可以勉強接受。只因為一個男人的小氣就斷然決定跟他分手，好像有點說不過去。於是妳安慰自己：不亂花錢的男人比較不會亂來。

為了讓關係繼續，妳強逼自己接受「他的生日是妳的進貢日，妳的生日是妳自己的事」這個事實。心想，既然他不可能買給我我想要的東西，那我自己買給自己總行了吧？結果答案還是不可以。

如果妳被他發現買包、買衣服給自己，他會勃然大怒。可是妳明明刷的是自己的信用卡，帳單也沒有丟給他繳，不明白他那麼激動做什麼。

理由很簡單，因為他認定那些被妳揮霍的錢，最後的歸宿應該是他的口袋，妳的鋪張浪費減少了他的財富。

當妳再也無法忍受他的處處算計，兩人開始衝突不斷，這時雞先生可能會在妳在意的日子有些驚人之舉，比方說：他們會拿公司給的禮券，兌換禮物給妳。

如果公司發放的是大型量販店的禮券，那麼妳的生日禮物可能會是一堆生鮮蔬果；如果公司給的是百貨公司禮券，那麼妳的禮物價值肯定不會超過他持有禮券的面額。

江湖上關於雞先生的負面傳聞四起，他們的驚人行徑多到數不清。為了澈底實踐一毛不拔，他們隨時隨地都在挑戰恥度。

目前聽過最誇張的真實案例，是一對熱戀中的情侶打算去 Motel 做愛做的事情，準備 check in 時，雞先生拒絕付錢，理由是：「妳出錢，我出力，這樣很公平。」就連保險套也要女生買單，因為雞先生堅持「使用者付費」。

還有一對情侶一起去小吃攤吃東西，叫了兩碗麵、一些小菜、還有一碗湯，結帳時竟然不是一人一半那麼簡單。雞先生說：「剛剛滷蛋不是我吃的，所以我可以少付十塊錢，還有湯裡的餛飩，妳吃了三顆我吃了兩顆，所以我可以少付一顆餛飩的錢。」

這些傳說聽起來很不可思議，但是都是真實存在的案例。我就曾經親耳

聽到隔壁桌的雞先生跟女友索討五塊錢。對於雞先生來說，就連最低面額的銅板價都要算得一清二楚。

我自己也遇過雞先生一隻，他的小氣事蹟根本罄竹難書，最讓我最瞠目結舌的，是某一回他旅居香港的朋友回臺度假，因為身上沒有臺幣，跟他借了兩千元。雞先生不好意思拒絕，最後竟然從我們的「公錢包」掏錢給他。他心裡打的算盤應該是拉我一起來陪他承擔風險，要是他朋友忘記還錢，我可以分散他一半的損失。

「我男友好小氣，我該跟他分手嗎？」拜託不要再問這種傻問題，不幸碰到了雞先生，快閃就對了，沒什麼好留戀。小氣的男人成天活在算計裡，性格上絕對不可能大器，鼠肚雞腸的人，個性自然陰陽怪氣。

一日小氣，終生小氣，小氣真的沒藥醫。就算妳是隻金雞母，只要妳繼續待在鐵公雞身邊，那些被雞先生一分一毫啄取的小錢累積下來也很可觀。聚少成多，聚沙成塔，某一天妳的存款也會見底，搞得自己一貧如洗。

要是妳還是有點捨不得，那麼請問問妳自己，如果妳和一百萬同時掉進海裡，雞先生會先救一百萬還是妳？

• • • • • • • •
貪財渣對付指南

其實我認為，「貪財渣」婚前遇上一回也沒關係，短暫交往就好。因為當妳體驗過這種處處被算計的生活，驚覺為什麼談戀愛也可以越談越窮，從此妳就會看緊荷包，寧可買名牌包，也不會讓錢飛進了小氣鬼的錢包。

雞先生的本性，其實從交往前就可以看出端倪。他們會對被害人展開「大方指數」測試，必須通過考驗，妳的身分才有可能從普通朋友進化到女朋友。

我曾經和一隻雞先生在一起快三年，正式交往前，約會了好幾回，幾乎每一次他都沒有帶錢包出門。當時他都說他忘了，後來甚至賴皮地說：「因為妳比我大四歲，姐姐多照顧弟弟是應該的。」

有一回，他託我幫他家人代購中國非常有名的「黃飛紅花生」，我幫他弄了一大箱大約幾十包，但他絕口不提要給錢。

當時我天真爛漫的以為，他心裡應該已經把我當成自己人，才不分彼此，甚至對於他的沒給錢覺得有點開心。正式交往後，我把他所有鐵公雞的行徑串起來看，才發現原來我一直都是局外人，我的錢才跟他是自己人。

他什麼都講 AA 制，AA 制本身其實沒有問題，現代女性本來就應該經濟獨立。但是如果 AA 制施行到一個極致，或是處處以他的角度或是他的利益來拆帳，那麼他所認定的公平，其實對我好不公平。

不要以為小氣是窮人的專利，臺積電竹科新貴小氣起來一樣沒在客氣。一個男人究竟是小氣或大方，其實和口袋的深度沒有半點關係，有錢卻小氣巴拉的男人不勝枚舉。

對他來說，「分母」就是我存在的意義，可以減少他的經濟負擔，讓他的生活開銷瞬間省一半。但是遇上了和我有關的支出，我還是唯一的分母，就算部分開銷和他有關，他也會裝作沒有他的事。

每一隻雞先生都一樣，他們認為「妳的錢就是我的錢，我的錢還是我的錢」，願意幫我一起付錢又不會讓我花錢的女人，才稱得上是好女人。

要是不幸遇上了雞先生，方法沒有其他，說什麼都要學習當個守財奴，跟他比小氣就對了，然後設好停損點，快速閃人。

如果一開始妳無法分辨雞先生究竟是真的忘了帶錢出門，還是刻意把錢包遺落在家裡，那麼下一回約會的時候，妳試著謊稱錢包遺失，觀察他的反應。如果他馬上臭臉，或是接下來幾天不停催妳快點還錢，那麼此人絕對是小氣鬼，請快點遠離。

部分雞先生發現苗頭不對，「分母」好像準備不幹了，他會對妳畫出美好的未來藍圖，告訴妳他的小氣僅限於婚前，現在有多苦，婚後就有多甜。

這種鬼話要是妳也信，人生也準備崩壞。現在都過不去了，誰要跟他談以後，而且婚後需要分母投入的情況只會更多。為了守護自己的安全感，雞先生只會不停地摳出新高度。妳的財務狀況只會更糟，生活品質也會跟著陪

葬。

　　妳可以想像，婚後有人每天像個糾察隊，檢查妳有沒有隨手關燈，做好節約用電。洗澡水不能馬上倒掉，要拿來沖馬桶、刷地板、澆花。孩子或寵物的支出通通和妳算個清楚明白，就連十元銅板價也要對分。更別提採買家用品必須記帳給他過目，要是一把蔥或一把青菜不小心買貴了，可是會被碎念上好幾天。這些真的都不是正常人該過的生活。

　　請記得一件事，寧可當個單身的富小姐，經濟完全獨立，人不花妳錢，妳也不花人錢；也不要和鐵公雞綁在一起，變成悲慘貧困的人妻。

　　如果此刻妳身邊正好有一隻鐵公雞，拜託快點讓自己從他的每一個數學題的分母抽身。如果妳之前荷包已經損失慘重，那麼棄養雞先生以前，先騙他妳中了大樂透頭獎。他為了巴著妳的錢不放，應該會有一陣子對妳萬般討好。等到時機差不多，找他去家高級餐廳吃飯。用餐快結束時，妳包包就收一收，準備尿遁，從此消失在他的計算機裡。

　　當了那麼久的冤大頭分母，免費吃他一餐米其林，也只夠塞牙縫而已。

渣男動物園　二〇二〇年度淨字第十號除渣判決

聲請人：渣男動物園園長　凱薩琳・孔

渣男：貪財渣——雞先生

上列渣男因小氣貪財案件，經渣男動物園園長提起公訴（二〇二〇年度淨字第十號），本園判決如下：

主文

「貪財渣——雞先生」連續犯下「假節儉、真小氣」案件，判入渣男動物園終身。

事實

被告「貪財渣——雞先生」，視財如命，為了讓荷包只進不出，專挑「金雞母」交往。他們希望女人可以甘之如飴當個分母，讓他從此自分母引退。

「能少付絕對不多付，能不付就不要付」是雞先生的人生態度。對他們來說，女子有財便是德，只要找到對的人交往，等於多了一筆被動收入。

被害人每次和雞先生約會，都像在上數學課，陪他一起加減乘除算個不停。

雞先生什麼都吃，就是不吃虧，所以和他們交往壓力很大，就連到小餐館吃飯，雞先生都會用雞眼緊盯被害人，計算著被害人比他多吃了幾口，或是筷子比他多夾了幾次。

因為雞先生擁有最先進的高智能計算機，總是能在最短的時間內，算出他可以少付多少錢，甚至讓自己全身而退。

雞先生對於金錢有著莫名的執著和渴求，對他們來說，錢跟命一樣重要，甚至更重要，一摳門起來，根本沒有人性。他們會不停地對倒楣的被害

人洗腦：「好女人會願意跟我一起負擔家計」、「爲了將來好一點，我們現在苦一點」，讓被害人無法分辨「小氣」和「節儉」的差異。

雞先生的金錢觀說穿了其實很變態，只要是花在另一半身上的錢，都叫浪費，但是花在他們自己身上的錢，都是應該。

交往到後來，被害人的錢不是自己的錢，就連買樣自己喜歡的東西都不可以，因爲她花掉的不是錢，是雞先生鈔票做的心。

就算是再怎麼珠圓玉潤的金雞母，也經不起雞先生的算計，最後瘦慘了自己，卻養肥了鐵公雞。等到如夢初醒，決定退場，才發現存款已經見底。

渣男動物園法庭宣判，「貪財渣——雞先生」，判「分豆子」之刑罰，有生之年，須將各一公噸混雜的紅豆和綠豆分開，再以百粒分裝入袋。既然這麼喜歡算清楚，本園就適情適性，讓雞先生一輩子都活在算計裡。

以上判刑定讞，不得上訴。

西　　　元　　　２０２０　年　７　月　１０　日

水仙系渣男——孔雀先生

渣男指數　★☆☆☆☆
危險指數　★☆☆☆☆
常見指數　★☆☆☆☆

外號：自戀狂｜偶包男｜水仙
品種：高調浮誇｜自帶鎂光燈

總結：眾人皆醜我獨帥。

190

180

170

160

150

140

130

120

110

100

90

No.011

水仙系渣男

自戀渣，自信爆棚，眾人皆醜我獨帥。

80

【無渣環境・妳我有責】渣男通報專線：Author / 凱薩琳·孔 케서린·꽁 : https://www.facebook.com/TRASH.MAN.ZOO
Illustrator / LazyDon : https://www.facebook.com/LazyDon.2019

「自戀渣・孔雀先生」，自信心破表的怪胎，自詡為天菜，篤信自己人見人愛。

孔雀先生對於自己的迷戀，已經到達讓人難以理解的程度。他們自以為帥、自以為屌、自以為很有想法、自以為與眾不同、自以為高人一等。

孔雀先生就像男版的壞皇后，每天總會對著魔鏡搔首弄姿好幾回。他們習慣自問自答，每天都會對自己信心喊話：「白馬王子算什麼東西，我才是全天下最完美的男人。」

為了成為眾人的焦點，孔雀先生隨時隨地都保持著「孔雀開屏」外加「自打 Spotlight」的狀態，他們就怕能見度太低，會錯過任何一個應得的讚美。

孔雀先生不只行為高調，講話也很浮誇，而且擅長老王賣瓜。可是瓜甜不甜真的不是老王說了算；孔雀先生到底長得帥不帥，也不是自己說了算。

一般來說，孔雀先生的人口主要分布在「平民區」與「菁英區」。

「平民區」的孔雀先生，都是平凡到不行的庸才。他們長相平平、學經歷普通、收入不高也不低，卻自以為天菜。說白了就是凡夫俗子，卻自認不凡。

他們好像嗑了藥，無時無刻都會產生幻覺，一下子覺得公司女同事正集體暗戀他，一下子覺得路上女生都在偷看他。

至於「菁英區」的孔雀先生，就比較上等一些，他們有份體面的工作，也有稱頭的頭銜。通常他們在專業領域表現傑出，收入不差，有點名氣也有地位。

「權力是春藥」原本是說，當一個男人有權有勢，對女人就會產生致命的吸引力。但是孔雀先生都是自己把春藥吞下，自己被自己迷得神魂顛倒。

如果妳和孔雀先生沒有任何關係，那麼妳會覺得這個不正常人類還真奇葩，是個娛樂性十足的怪胎；但如果妳是孔雀先生的女朋友，白眼翻不停是妳的日常眼球運動。

擔心妳忘記，孔雀先生會不斷提醒妳有多幸運，否則正常情況下，像他

這麼完美的男子，妳根本高攀不起。

他會把「我這麼優秀，妳跟我在一起真的賺到了。」、「我可是有頭有臉的大人物，拜託妳好好打理自己，不然別人會以為我帶了外勞出門。」、「我可是有身分有地位的上流人物，想接近我的女人多的是。」這類的話掛在嘴邊。這種「損人不忘誇己」的行為，很像是「臭嘴渣——烏鴉先生」的分流，果然鳥類系渣男講話都特別不討喜。

雖然孔雀先生自稱是天生的完美主義者，但是說也奇怪，衡量標準套在別人身上都會嚴格運作，套在自己身上就會完全失靈。所以他挑剔妳的一切，從上到下，從裡到外，通通可以嫌得一文不值。可是他們看自己，怎麼看是怎麼滿意，但是在旁人眼裡，孔雀先生根本普通到不行。

如果妳腦袋正常，不管被孔雀先生怎麼洗腦，還是可以保持清醒，知道他根本誇大其辭，也清楚他並沒有自己認定得那麼好。但是因為出於仁心，妳不忍戳破，結果妳的靜默反而助長他繼續大放厥詞，妳的不反抗也是讓他繼續自我膨脹的幫兇。

跟這種滿腦子只有自己，而且覺得自己是萬人迷的男人交往，真的很累，而且根本像單戀。

就算他出軌劈腿了無數回，本質上他還是一個專情的人，因為他從頭到尾都只愛自己，他只是透過蒐集不同女人對他的著迷，再次印證自己的完美。

孔雀先生內心最深層的渴望，是希望眾人都是他的迷妹，看到他會尖叫會拍手。但是談戀愛又不是在追星，妳也不是神經病，沒道理忍受他的不正常外加自我為中心。

快點離開這個只能活在舞臺上的男人吧，不然妳每天都有看不完的鬧劇。離開以前，記得拿隻毛筆，在他開屏的羽毛上大大地寫下「自戀狂」，當成妳到過假神壇一遊的證據。

• • • • • • •
自戀渣對付指南

有自信是好事，但是「自信」和「自戀」其實只有一線之隔，越界了就很愚蠢。

幾年前透過朋友介紹，我認識了一隻孔雀先生，依他自戀的程度，「孔雀王」簡直非他莫屬。

以他部分條件來說，我承認他絕對有資格充滿自信。他出生於建築師世家，家裡在臺北和新竹的蛋黃區都有好幾間房子。他自己也很爭氣，第一次應考就第一名考上建築師，順利繼承家業。

第一次見面，他直接帶我去他負責建案的預售屋。熟練地打開電腦，接上投影機，站在投影布幕前，滔滔不絕介紹他這次的建築理念。

當時我覺得哪裡不太對勁，他到底是真的想認識我，還是想賣房子給我？

後來幾次約會，我都可以感覺到此人強大的自戀氣場，他如果不小心把鏡子照破，也不會太意外。

當時他跟我說：「最近我桃花好多，好幾個女生同時喜歡我，還有一個對外號稱是我女友，可是我沒有跟她怎樣啊。」、「像我這種有頭有臉的人物，爸媽要我找個上流社會的千金，才能門當戶對。」

因為我不想成為他手中的魚肉，任他宰割；他也覺得雖然我跟他年齡相仿，但是以女人來說確實有點太老，所以我們漸行漸遠。

一年後再次搭上線，這回他帶我去他落成的新居，特別跟我介紹他最得意開放式廚房的超大中島吧檯設計。

他說：「以後我坐在這裡畫圖，我老婆在我對面做菜，那畫面多美好。」這句話我聽起來沒有太大的問題，但是因為我完全不會做菜，所以無感他在說什麼東西。

接下來，他懷念起那個劈腿的前女友：「我無法理解，為什麼最後我要她選擇是要跟我走還是跟他走，她竟然選擇他，那男人條件那麼差，她真的瞎了眼。那男人當時還跪下來求我，要我成全他們，因為他剛為了她離婚，已經一無所有。」、「可是啊，以前在一起的時候，真的很快樂。為了讓我開心，她住在我這邊的時候，早上起來都會裸體彈鋼琴。」

我不確定我到底聽到了什麼東西，我只知道我也會彈鋼琴，我小時候可是學過十年的鋼琴。但是彈鋼琴就彈鋼琴，為什麼要脫光光彈鋼琴，這是哪部日本 A 片的情節？

最後一次碰面，是他請我吃生日餐，當天他又再次製造了名言佳句：「我這個人，沒什麼缺點，唯一的缺點就是太自戀，可是我就是有條件可以自戀啊。」

當時我已經把孔劉視為我今生的老公，他問我：「妳為什麼喜歡孔劉，孔劉又沒有我帥，妳快點找個男人嫁了比較實在。」當下我心裡怒了，你可以批評我沒關係，但是批評我老公我一定跟你拚命。而且這個男人身高不足一百七十五公分，體型偏矮胖，臉型有點方，臉上還掛了兩道看起來脾氣就很差的粗眉，怎麼跟孔劉比，光氣質就差了十萬八千里。

他又再次提到：「妳的御用神算不是很厲害，妳快點去幫我算看看，我到底什麼時候可以遇到真命天女。」當下我頭上冒出好多黑人問號，不懂他的人生關我什麼事。他到底會不會結婚還是孤老到終、到底會多子多孫還是絕子絕孫，我一點興趣都沒有。

知道後來我怎麼讓他閉嘴嗎？他問我：「妳覺得男人一個月收入要多少才合理？」當時我說了一個數字。他很震驚，問我為什麼要那麼多？

我說：「很多嗎？還好吧，因為這是我目前的月收入。我希望男人的收入可以跟我一樣，或是比我多，因為我不想再救濟男人了。」他愣了一會兒，才誠實告訴我他目前的月收入不及我。

我馬上回他：「所以孔劉配我剛剛好啊，他不只合格，還超標很多很多很多喔。」

水仙系渣男

從上面的真實案例看出什麼了嗎？自戀的孔雀先生，心裡永遠看不起任何人。他們把每個女人都當成附屬品，另一半的存在，只是爲了陪襯他們而存在。

這種自大的男人，通常沒有太多的同性友人，但是孔雀先生以爲那些男性同儕是因爲酸葡萄心態，才集體排擠他。實情是，孔雀先生覺得同儕好可憐的同時，同儕的那些正常男人也覺得孔雀先生很可笑。

當孔雀先生和異性來往時，又會進入另一種狀態，他們習慣拿濾鏡看自己，顯微鏡看對方，專挑對方的缺點，進行深度的生物研究。

如果此時妳身邊正好有一隻孔雀先生，對付他們的方法沒有其他，就是秉持我未來的兒子的曾曾曾曾曾……祖父孔子說的：「友直、友諒、友多聞。」原則就對了。當孔雀先生又開始人來瘋，在底下使勁搖晃天梯，讓孔雀先生暫時跌回現實。但是他們異於常人的自信，下一秒又會再接再厲爬上去。

如果只是普通朋友關係，是不需要跟孔雀先生絕交的。因爲在一般關係下，他們的浮誇行徑，有時候還滿解憂的，就像我們看日本牛郎羅蘭（Roland）時的心情。

至於戀人關係，就不必了，更不要和他們走入婚姻，除非妳願意一輩子單戀。

談戀愛又不是在追星，我老公都可以清楚區分「臺上孔劉、臺下孔地哲」，這種一輩子只想活在舞臺上的孔雀先生，就留給笨蛋迷妹去崇拜吧。

渣男動物園　二○二○年度淨字第十一號除渣判決

聲請人：渣男動物園園長　凱薩琳・孔
渣男：自戀渣——孔雀先生

　　上列渣男因自戀傷人案件，經渣男動物園園長提起公訴（二○二○年度淨字第十一號），本園判決如下：

主文

　　「自戀渣——孔雀先生」連續犯下「自戀擾民，損人誇己」案件，判入渣男動物園終身。

事實

　　被告「自戀渣——孔雀先生」，目中無人，自以為神。為了得到更多人的崇拜，他們自己搬了張天梯，爬上了神壇。

　　日本帝王級牛郎羅蘭（Roland）是孔雀先生界的精神領袖，他的那些自戀金句，內化成孔雀先生的思想，也讓孔雀先生合理化自己的言行：

　　「世界上有兩種女人，喜歡我的，和接下來會喜歡我的。」
　　「世界上只有兩種男人，我，和我以外的。」
　　「比起看無聊的電視，我看鏡子更有趣。」
　　「如果我死掉的話，為我自殺的女人會很多。」

　　孔雀先生非常善用 Hashtag，喜歡自己往自己臉上貼金，每一個標籤都是「正向形容詞」的「最高級 +est」，像是：最帥、最完美、最富有、最有才華、最受歡迎、最佳男朋友、最佳老公。

131

他們覺得自己明明是萬人迷，但是身邊的人不曉得是不好意思，還是酸葡萄心理，沒有人願意主動美言他幾句。既然大家都不好意思開口，那麼他自己大方說給眾人聽。

為了讓自己隨時看起來都雄糾糾氣昂昂，孔雀先生打死不肯收屏，羽毛說什麼都要開好開滿。走到哪兒，開屏的羽毛就像扇子一樣，帶起陰風陣陣。他們自戀得不亦樂乎，旁人感覺噁心想吐。

他們的自戀已經發展成一種「擾民」的行為，被騷擾最頻繁的被害人，通常是他們的另一半。一般人都會覺得孔雀先生未免太不正常，根本懶得搭理，只有另一半才會對他們有應有答。

因為孔雀先生習慣把其他人通通看成次級品、劣等品、瑕疵品、贗品，所以他們總覺得苦尋不到可以和他們匹配的另一半。既然當下的選擇只是將就，自然不可能善待被害人。

交往過程中，孔雀先生會刻意抬高自己的身價，同時貶低被害人的價值。透過矮化被害人，再次定位自己的高度。

有自信的被害人，不會因此受打擊，只會覺得孔雀先生到底在說什麼狗屁。一次兩次還可以忍受，可是心理素質再強大的人，也禁不起孔雀先生的無限跳針，日子一久也會被搞到腦神經衰弱。

至於沒自信的被害人，長期接收「我很棒，妳配不上」或者「每個女人都愛我，跟妳在一起我好委屈，所以妳要珍惜」這類的訊息，很容易信以為真，從此自信完全瓦解。

其實孔雀先生要的從來就不是有來有往的戀愛，而是被害人對他瘋狂的迷戀和崇拜。他內心的渴望是：「請和我一起好好愛我。」

他們的渣性，是一種侵入神經的病毒，會攻擊被害人的腦部神經、視覺神經、聽覺神經，再正常的人，也會被搞到神經不正常。

渣男動物園法庭宣判，「水仙渣──孔雀先生」，判「孔雀開屏爬天梯」之刑罰。既然這麼喜歡爬上神壇，又自認高高在上，所有人都高攀不起，就讓他每日爬天梯一百回，永生都能享受高處不深寒的尊榮驕傲。

以上判刑定讞，不得上訴。

西　　元　　２０２０　年　７　月　１０　日

暴君系渣男——老虎先生

渣男指數　★★★★☆

危險指數　★★★★☆

常見指數　★★☆☆☆

外號：暴君｜恐怖情人｜施暴者

品種：暴跳如雷｜喜怒無常｜面露凶光

總結：伴君如伴虎。

No.012

暴君系渣男

暴力渣，恐怖情人，伴君如伴虎。

【無渣環境‧妳我有責】渣男通報專線：Author / 凱薩琳‧孔 캐서린·공 : https://www.facebook.com/TRASH.MAN.ZOO
Illustrator / LazyDon : https://www.facebook.co

「暴力渣・老虎先生」，性格陰晴不定，體內有一座暴力工廠，專門量產「肢體暴力」、「言語暴力」、「精神暴力」、「冷暴力」、「性暴力」等各種暴力。

老虎先生的情緒調節出了問題，可能上一秒還是笑面虎，下一秒就成了張牙舞爪的猛獸，喜怒哀樂的轉換完全沒有邏輯。

因為自詡是「百獸之王」，老虎先生喜歡劃地為王，他們的女人就是臣服在他們腳下的子民。因為老虎先生沒有仁君之心，暴君性格讓他們恣意地魚肉百姓。

在古代，老虎先生的偶像是焚書坑儒的秦始皇；穿越到了現代，他們開始追隨北韓領導金正恩。

老虎先生的地雷區很多，只要看不順眼，或者單純情緒不好，就會用最極端的手段來處理問題。就像北韓副總理在一場人民會議中，不小心打了瞌睡，結果被高射砲處決；還有金小胖為了控制武漢肺炎不在北韓境內擴散，把染病者通通送去槍斃。

因此身為老虎先生的另一半，經常活在伴君如伴虎的恐懼裡，一不小心就可能換來一陣拳打腳踢，甚至引來殺身之禍。

剛開始交往時，老虎先生不會馬上露出本性，但是相由心生，殘暴之人，眉宇間肯定凶光乍現。如果發現一個男人眉毛上揚，粗而雜亂，下三白眼，或者眼睛外凸，請馬上告訴自己，此人不宜深交，趕緊逃命要緊。

但是也有部分外表走斯文路線的老虎先生，沒辦法透過外觀辨識，這時候可以透過他們的行為，找出一些蛛絲馬跡。比方說，可以觀察他們對待小動物的態度、還有酒後的德性，以及開車時的脾氣。

就算老虎先生再會掩飾，獨裁者的本性很快就會外露。他們情緒化、自尊心強、性格多疑、喜怒無常、容易焦慮、自我中心、權威人格，只要另一半沒有照著他們的期望回應，老虎先生體內的暴力工廠就會開始運作。

他們缺乏正視問題的能力，總是把各種不順遂，推到另一半身上。他們不開心，是妳害的；他們工作不順，是妳害的；他們口袋沒有錢，是妳害的；

他們賭博輸光錢，是妳害的；連他們踩到狗屎，也是妳害的；

他們認為自己本應是天之驕子，倒楣碰上了剋夫的女人，把自己的好運都敗光了。其實他們才是紮紮實實的剋妻命，跟他們在一起的女人注定倒大楣。

為了一吐怨氣，老虎先生會使用暴力。當他們試圖發出警告時，會透過「冷暴力」或者「精神暴力」，在精神上竭盡所能地凌遲對方。當他們抓狂時，通常「辱罵」會伴隨著「拳頭」，讓另一半飽受「言語暴力」和「肢體暴力」之苦。部分的老虎先生，還會藉著酒精或毒品的發酵，升高暴力級數。

透過暴力，讓老虎先生找回自己，他們感覺自己重回天子殿堂，可以呼風喚雨呼，沒有人敢忤逆。

老虎先生的暴力展現都是漸進式的，下手只會越來越重。一開始只是摔摔東西，後來找妳玩摔角；一開始只是掐妳脖子，後來勒到妳無法呼吸；一開始都是先從無生物打起，先是徒手穿牆，後來一拳打爆妳；一開始一記耳光，後來巴掌後再緊接著扯妳頭髮去撞牆壁；一開始只是徒手打，後來加上工具來輔助，隨手可抓的玻璃瓶、菜刀、桌椅，都可能瞬間飛過來。

老虎先生忘了他們的前爪，就可以打碎黑熊頭骨；他們的牙齒，也可以輕鬆咬斷野豬的脖子。他們力量之大，一拳就足以致命。他們根本不懂得什麼叫憐香惜玉，他們在動手的瞬間，痛並快樂著。

動手一次之後，接下來就會有第二次、第三次，只要另一半沒陣亡，就可以一直打不停。動手打人對於老虎先生來說，有益身心健康，既可以抒發情緒，又可以同時健身。下一回他們會繼續挑戰自己施展暴力的實力，也會繼續考驗另一半承受暴力的耐力。

強颱過後，一定會出大太陽，和老虎先生的相處永遠都在走極端，不是大好就大壞。動手打了人以後，老虎先生會給足對方滿滿的愛，說他也不願意，說他也不得以，說他真的好愛妳，他不知道為什麼會做出那麼失控的事情，他認為應該是卡到陰。不要臉的老虎先生甚至會假裝失憶，就算看到另

一半鼻青臉腫，也會表現出人不是我打的樣子。

先溫柔地撫摸妳，再惡狠狠地打妳，接著再次溫柔地撫摸妳……無止盡的循環，讓身陷暴風雨的女人，可以期待下一次放晴。這種病態的制約讓女人沒辦法率性離去，因為暴風雨雖然可怕，但是晴天很甜蜜。

如果妳已經被老虎先生海扁過一次，請趕快閃；如果妳已經被老虎先生海扁過很多次，拜託立馬快閃。沒有一種暴力應該被合理化，愛情裡面根本不該有霸凌。

爸媽把我們生得這麼正，不是讓人打好玩的，打久了也會歪掉，腦子也會被打傻。就算妳自認很耐打，還挺得住，也請為別人想一想。婚前妳自己被打，婚後小孩也會被拉來一起打，如果家裡有無辜的貓咪或狗狗也會順便被抓來打一打。除了妳以外，未來被打的人數，只會不斷增加，妳自己想被打就算了，為什麼要傷及無辜。

如果妳天生就沒有當母老虎反制的天分，身體也不是銅牆鐵壁做的，SM 這種病態的關係，就讓它留在日本 A 片裡吧。

● ● ● ● ● ● ●
暴力渣對付指南

臺語有句話：「驚某大丈夫，打某豬狗牛。」意思是，會怕老婆的才是真男人，會打老婆的男人豬狗不如。我是覺得豬、狗、牛在這裡出現有點無辜，會打女人的男人根本禽獸不如。

去年十月底，一個本來已經跟我預訂今年要前往韓國完成「單人婚紗」的五十歲姐姐，傳了 LINE 訊息給我：「我要取消去韓國拍攝了，等我傷好了再跟妳約好嗎？」然後，她傳來一張很驚悚的照片，照片上的女生，被打得鼻青臉腫，人中滿是鮮血，眼睛黑青。我腦中空白了幾秒，後來才意識到照片裡頭的女生是她。

那個姐姐長得非常美，雖然她離過婚，還有一個成年的孩子，但是外表完全看不出來，我都偷偷叫她仙女。

　　她告訴我，她和渣男前男友已經分手一年多，因為他花心又有暴力傾向，所以當初她是逃著離開，四年多的感情讓她身心俱疲。

　　再美好的女生，也不耐糟蹋，她告訴我，她對自己真的好沒自信，覺得自己很不堪，就算大家都說她很好，她還是覺得那都是善意的謊言。愛情裡的霸凌，真的足以摧毀一個人的自我認同。

　　一個就跟往常一樣的日子，誰知道會發生那樣的事，她一停好車，車門都還沒關上，就被埋伏已久的前男友突襲。

　　因為她刻意隱瞞自己的行蹤，前男友找了她好久，一年多不見的問候竟然是一陣拳打腳踢，不只把她的臉打得面目全非，肋骨也斷了。前男友根本就是把一年的份，一次打完出清。

　　那個仙女姐姐不只身體受傷，心也受傷了。前男友失控時，竟然在很多群組內散布他們的性愛照片，發完就退群，根本就是要把她逼到絕境。

　　後來是好心的路人打了一一○通報警察，前男友的拳頭和飛踢才停止落下。等到他冷靜下來之後，竟然跪下道歉。

　　她說，他是她的初戀，繞了一圈後，兩個人又走在一起。本來以為這是命中注定，誰知道原本以為的浪漫喜劇竟然發展成武打片。

　　其實很多關係都是一樣的走向，「故事的開頭」和「後續的發展」，很不一樣，不像同一套劇本，幾乎無法銜接。

　　可是很多女人故意犯傻，只記得最初的美好，以為後面那些失控都是偶發；很少人可以坦然面對，其實感情一開始的美好只是偶然，後面的失控才是正常自然。

　　因為她真的很美很有氣質，我猜想渣男的主觀條件也不會太差。她告訴我，渣男是一間公司的老闆，也算是有頭有臉的人物。果然，會打人的男人，通常跟地位無關，與人品有關；跟 IQ 無關，與 EQ 有關。

　　我問她，渣男是不是人前一個樣，人後一個樣？渣男還真的是個標準的斯文敗類，「在外文質彬彬，回家拳打腳踢」。而且聽說渣男的上一段關係，也是因為他的「花心」和「暴力傾向」結束。這種人死性不改。不管女

友怎麼換，他都會繼續打下去。

　　這樣的故事，絕對不是個案，肯定時常上演，我們都應該從別人的不幸裡，學到教訓。

　　．我們都不是沙包，不需要自帶耐打體質。

　　．我們有腳可以跑，但是要跑對方向，被打一次之後就不要再回到原地討打。

　　．不管是出手打一次，打兩次，還是很多次，只要會打人，他就是恐怖情人。

　　．再美好的女生，被打了幾次以後，也會換來自我否定。

　　．「打是情，罵是愛」這句話真的是歪理，除非妳有被虐傾向。

　　．動手打人以後，就算他跪在釘板上七天七夜，都不值得原諒。

　　．會打人的書生，終究還是禽獸。

　　．就算兩人關係再好，也不要拍性愛照，就算結婚了也不可以，因為可能明天就閃離，那些都會變成對方拿來勒索的籌碼。

　　．被暴力相向並不丟臉，不要害怕對外求援，越刻意不讓人知道，只是讓施暴者打得更無後顧之憂。

　　還有一點非常重要，如果以後路上遇見這種慘況，或是聽到隔壁鄰居傳來淒厲的女人哭聲，請不要事不關己，一定要雞婆協助報警處理。

　　如果此刻的妳，身上傷痕累累，早已分不清新傷或舊傷，拜託不要讓自己繼續被打得體無完膚，快點逃離老虎先生的魔爪。

　　除非妳大方承認自己有被虐狂，老虎先生越打妳，妳越可以感受到愛與關懷，那也只能祝福妳「三折肱而成良醫」，以後就算被打到下巴脫臼或是手臂骨折，自己就可以靠自己接回來。

　　但是妳犯賤的同時，可不可以想想妳的父母？他們把妳生下來，真的不是讓男人打好玩。這麼愛被打，為什麼這輩子妳不投胎當顆沙包就好。

渣男動物園　二〇二〇年度淨字第十二號除渣判決

聲請人：渣男動物園園長　凱薩琳・孔

渣男：暴力渣——老虎先生

上列渣男因暴力傷人案件，經渣男動物園園長提起公訴（二〇二〇年度淨字第十二號），本園判決如下：

主文

「暴力渣——老虎先生」連續犯下「拳打腳踢、暴力傷人」案件，判入渣男動物園終身。

事實

被告「暴力渣——老虎先生」，現代版暴君，習慣用「暴力」解決問題。打人的念頭永遠天外飛來一筆，動不動就把被害人打得鼻青臉腫。

老虎先生的情緒燃點很低，一生氣就找被害人出氣。扁完人以後，他們自己舒坦了，被害人卻陷入無止盡的恐懼裡。

因為自以為王，老虎先生不講平等關係，而是上對下的君臣關係。只要被害人敢不順他的意，換來的就是一陣拳打腳踢。要是老虎先生自己遇上了不如意，也會抓被害人出氣。

動手打人的時候，老虎先生已經失去心性，眼前的被害人不再是他們的愛人，而是他們的仇人，說什麼都要把被害人往死裡打。

當老虎先生抓狂時，誰敢頂嘴，他會加倍痛打；要是被害人默不吭聲，他會繼續打到出聲；就算被害人無止盡的求饒，他還是繼續打下去，一切都要等到他感覺打飽了才會停。

老虎先生在關係裡不斷霸凌被害人，利用各種暴力踐踏被害人的自尊，也摧毀被害人的人生。為了讓自己打得更盡興，部分老虎先生打人前都會先

喝酒或吸毒，才能打得忘我而不罪過。

　　身體上的霸凌，通常會伴隨著言語霸凌一起發生，老虎先生會用各種難聽的言語辱罵被害人，甚至用髒話問候被害人全家。

　　老虎先生也對被害人進行各種精神上的凌遲：他們孤立被害人，把被害人當空氣；貶低被害人，讓被害人感到羞愧；威脅被害人，讓被害人心生恐懼，不敢反抗；監控被害人，讓被害人無法脫逃。

　　被害人遇上了「猛虎出閘」，只能跪倒在地，哭求老虎手下留情。

　　好不容易捱過暴風雨，明天一覺醒來，老虎先生不是假裝失憶，就是刻意討好，表現親暱。他們會說：「我真的好愛妳。」、「我身不由己。」、「我好像中邪了。」、「我其實也不得已。」

　　大部分的被害人因長期遭受老虎先生施虐，都已經處於被打到傻的狀態，整個人好像卡到陰，不管怎麼被打都沒關係。她們相信，明天太陽升起，老虎先生又會變成小貓咪。

　　渣男動物園法庭宣判，「暴力渣——老虎先生」，判「妳丟我躲」之刑罰。入園之女性，可於服務臺領取十顆拳頭造型石頭，經過老虎先生牢房時，可以享受當投手的樂趣，讓老虎先生自己也嘗嘗拳頭如雨落下的滋味。

　　以上判刑定讞，不得上訴。

西　　　元　　　２０２０　　　年　　　７　　　月　　　１０　　　日

逃避系渣男──鴕鳥先生

渣男指數　★☆☆☆☆

危險指數　★☆☆☆☆

常見指數　★★☆☆☆

外號：娘們｜小孬孬

品種：膽小懦弱｜逃避現實｜性喜吃土

總結：三十六計，躲為上策。

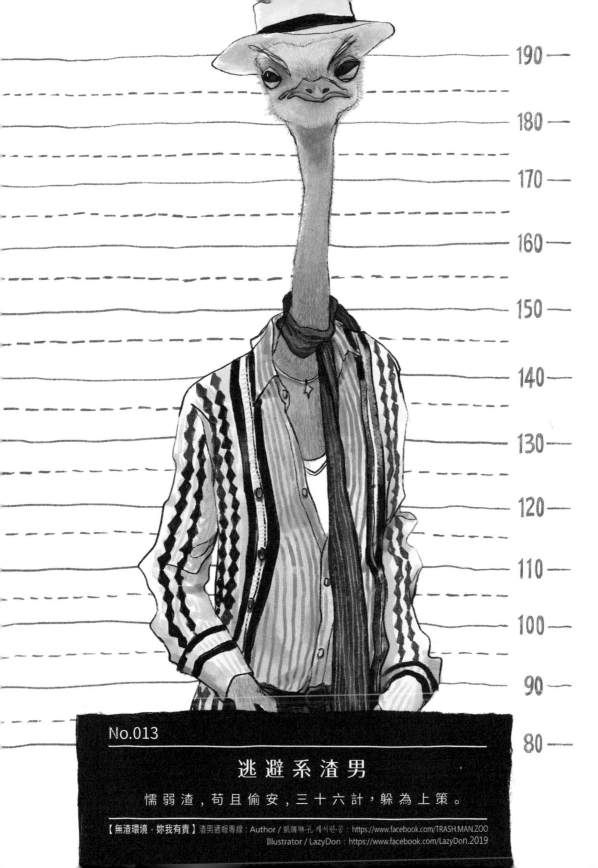

No.013

逃避系渣男

懦弱渣，苟且偷安，三十六計，躲為上策。

【無渣環境・妳我有責】渣男通報專線：Author / 凱薩琳・孔 케서린・공 : https://www.facebook.com/TRASH.MAN.ZOO
Illustrator / LazyDon : https://www.facebook.com/LazyDon.2019

「懦弱渣・鴕鳥先生」，虧他們長得人高馬大，個性卻膽小怕事，遇到問題總是習慣性逃避。

鴕鳥先生最害怕溝通，他們把「良性溝通」通通視爲「惡性爭執」。在他們眼裡，女人是最恐怖的 TroubleMaker，愛找碴也愛吵架。

因爲立志成爲「諾貝爾和平獎」得主，面對女人的不定期失控，鴕鳥先生採取「拖延」與「閃避」戰略，避免正面對決。他們認爲問題擺著就好，一覺醒來就會自動不見。

這種自欺欺人的龜縮個性，沒幾個正常女生受得了。當她們試圖跟鴕鳥先生好好溝通，鴕鳥先生會假裝自己是聾啞人士，沒反應也不回應。要是她們稍微再 Push 一點，鴕鳥先生會善用與生俱來的飛毛腿，迅速逃離現場，接下來的幾天肯定避不見面，簡訊也已讀不回，甚至不讀不回，搞得另一半乾著急。

要是碰上了鍥而不捨的女人，把他們逼得無路可退，鴕鳥先生會「咚」的一聲，把頭埋進沙土裡。他們寧可吃土，也不願意面對問題。

鴕鳥先生到底打算逃避多久，沒有人算得準，只能原地傻傻地等。當他們終於願意回到地球表面，另一半要識相地迴避先前的話題，要是不小心再次觸動鴕鳥先生的敏感神經，下一秒他會再次上演失蹤記。

鴕鳥先生自以爲的「與世無爭」，其實是「與世隔絕」，對於關係的維持，採取一種無爲而治的消極態度。他們認爲，只要我活得好好的，妳也活得好好的，一切不就好好的，爲什麼一定要解決問題？問題也是妳搞出來的，只要妳不隨便製造問題，就可以天下太平。

他們追求的世界和平根本都是假的，因爲冷戰本質上也是戰爭的一種。

我說啊，鴕鳥先生是世界上最溫和的無賴，他們不吵不鬧，也不會動手動腳，可是就是有辦法逼女人乖乖聽話。比起其他渣男，他們好像稱不上壞，可是當一個男人沒有肩膀、沒有責任感、沒有能力解決問題、也沒有辦法做出任何決定，其實就跟半殘一樣，讓女人勞心又勞力。更糟的是，他們動不動就拿「失蹤」當籌碼，會讓女人一直困在被制約的恐懼裡。

就算妳的鴕鳥先生，長得一副玉樹臨風的樣子，骨子裡他還是一個軟趴趴的娘們。

逃跑是會跑上癮的，要是結婚當天，鴕鳥先生突然覺得壓力好大，覺得自己好像還沒有準備好，覺得妳好像不是那個對的人，即興上演一齣「新郎逃婚記」，妳以後還要不要做人？

• • • • • • •
懦弱渣對付指南

街頭上，不難看到這樣的畫面：一對情侶停在路邊爭執，女生比手畫腳講個不停，男生呆若木雞，面無表情。下一秒，男生突然轉身離去，女生開始在後頭跑起了百米。

接下來會怎麼發展？有過類似經驗的應該都知道，男生會刻意避不見面好幾天，不接電話也不回訊息，女生只能被動進入冷戰狀態。

很不幸，臺灣的鴕鳥先生特別多，他們天生缺乏抗壓性，遇到問題本能性閃躲。他們相信只要能躲過一時，接下來就會風平浪靜。

一旦鴕鳥先生的躲意堅強，任憑妳怎麼召喚，他都不會出來，比牽亡魂的難度還要高。等到他感覺風頭應該過了，才會若無其事出現，而且絕口不提之前發生的事情。

想跟鴕鳥先生在一起，妳必須學習忍氣吞聲，有話不能直說，就算不爽也不能吵，要把苦通通吞進肚子裡。既然他沒辦法做出任何決定，妳就要比他更像個漢子，一肩扛下所有他承擔不起的擔子。要是他受不了壓力，把頭埋進土裡，妳要給他空間時間靜一靜，時候到了，他自然會重回地球表面。

有一種累，叫做心很累，妳為什麼要容忍這種懦弱無能的男人在妳的身邊撒野？

妳以為冷戰時，他會跟妳一樣難過？事實和妳想得不一樣。沒有妳在身邊找麻煩的日子，他可以趁機和朋友打電動打到死，逃避現實可以給他帶來至高無上的快樂。

　　這次就直接放生這隻天生就沒長肩膀的鴕鳥吧，他要走就讓他走，有本事別回頭。當他再次倦鳥歸巢，這次換妳澈底失憶：「先生，您哪位，我們見過嗎？要是沒其他事的話，我先走一步了。」

渣男動物園　二○二○年度淨字第十三號除渣判決

聲請人：渣男動物園園長　凱薩琳‧孔

渣男：懦弱渣——鴕鳥先生

上列渣男因神隱傷人案件，經渣男動物園園長提起公訴（二○二○年度淨字第十三號），本園判決如下：

主文

「懦弱渣——鴕鳥先生」連續犯下「假失蹤，真恐嚇」案件，判入渣男動物園終身。

事實

被告「懦弱渣——鴕鳥先生」，世間最擅長使用「忍術」的男子，抗壓性極低，只要感受到壓力來襲，就會上演失蹤記，強逼另一半乖乖聽話。

鴕鳥先生頭腦簡單，四肢發達，缺乏理性思考的能力，遇到自認難解的問題，第一個本能反應就是「躲」，搞得被害人三天兩頭就要守活寡。

因為鴕鳥先生缺乏同理心，所以他們認為被害人很有事，動不動就無事生事，或是把小事變大事。他們認為天下本無事，不懂為什麼女人那麼愛惹事。

對於鴕鳥先生來說，兩個人在一起是再簡單不過的數學問題，一加一就是等於二，量變並不會產生質變，完全不需要溝通，也不應該有爭執。就算相處上遇到了瓶頸，也不用特別解決，時間一到，問題就會自動消失。他們不明白為什麼女人就是不能理解「忍一時風平浪靜，退一步海闊天空」的道理。

他們自欺欺人的相信，不吵架的關係，才是最完美的關係。可是只要是人，就很難避免意見不同，透過良性的溝通，可以找到折衷的共識；透過適

當的爭執，可以更了解彼此，也利於關係的穩定。否則短暫交集後，接下來注定漸行漸遠。

就算被害人再有心想要好好經營關係，也因爲長期活在鴕鳥先生隨時會消失的恐懼裡，只能配合鴕鳥先生上演一齣歲月靜好。但是鴕鳥先生嚮往的歲月靜好，其實是被害人的負重前行。

渣男動物園法庭宣判，「懦弱渣——鴕鳥先生」，判「馬拉松障礙賽跑」之刑罰。透過每日參賽，鼓勵鴕鳥先生一步步跨出障礙，鍛鍊自己成爲一個有肩膀的男人，從此改掉埋頭吃土的壞習慣。

以上判刑定讞，不得上訴。

西　　元　　２０２０　年　７　月　１０　日

孤僻系渣男──刺蝟先生

渣男指數　★★☆☆☆
危險指數　★★☆☆☆
常見指數　★★☆☆☆

外號：獨行俠｜孤獨患者

品種：獨居動物｜陰陽怪氣｜外刺內柔

總結：戀人勿近。

190
180
170
160
150
140
130
120
110
100
90
80

No.014

孤僻系渣男

陰陽渣，陰晴不定，戀人勿近。

【無渣環境‧妳我有責】渣男通報專線：Author／凱薩琳‧孔 케서린‧콩：https://www.facebook.com/TRASH.MAN.ZOO
Illustrator／LazyDon：https://www.facebook.com/LazyDon.2019

「陰陽渣・刺蝟先生」，喜歡獨處，害怕親暱。遇到危險或感到不安時，會瞬間縮成一顆球，自保也傷人。

刺蝟先生的存在，充滿各種矛盾。他們背上布滿五千多根刺，卻有一個軟綿綿的肚子。五千多根刺看起來殺傷力滿點，其實根根無毒、空心、也非倒鉤刺。他們渴望一個人的狀態，但是也害怕獨處；他們接受兩個人的狀態，但是也逃避關係。

刺蝟先生需要空間，但是需要多大空間，何時要給他空間，答案只有刺蝟先生自己知道。他們心中有一條安全線，只要有人嘗試越界，刺蝟先生就會發出警告。

刺蝟先生無法調節自己的體溫，所以性格上忽冷忽熱、陰晴不定。身為刺蝟先生的另一半，必須擁有察言觀色的功力，才能正確判斷此刻可以靠近，還是需要遠離。和刺蝟先生每一次的接觸都像「開獎」，必須等他做出回應，才能確定他今天到底是陽還是陰。

心理學上，刺蝟先生屬於「逃避型依戀者」。他們需要愛，但是每當有人靠近，他們就開始逃避，甚至做出攻擊。他們內心深處認為自己不值得被愛，所以只要刻意保持安全距離，就不會被人看清底細。

刺蝟先生相信所有的故事都是悲劇性結局，他們不相信自己，也不相信別人，所以不允許自己太投入每一段關係。交往時，他們就先預演分手狀態，抗拒情侶間的各種親暱，包含心靈和肉體。

刺蝟先生是「如仙人掌一般的戀人」，和他們交往真的會痛，而且讓人挫敗，付出了不但得不到回應，還換來滿滿傷害。刺蝟先生也是「如鬼魅一般的戀人」，經常不見人影。就算見著了，也不確定看到的是不是幻影，很難感覺到他的存在。

刺蝟先生找對象也真的像在「抓交替」，一旦建立起一段穩定關係，他們就會用力把對方往外推，這種陰陽怪氣的個性，搞得每段戀情都很短命。可是他們潛意識又渴望再次建立關係，所以會立即尋找下一個替死鬼。

刺蝟先生把自己的不安，蔓延成別人的不幸。身為刺蝟先生的另一半，

只能學會忍耐和等待。如果試圖改善關係，主動前去擁抱刺蝟先生，只會把自己弄得滿身針孔。只有被動等待刺蝟先生偶發性的主動示好，才能被刺蝟先生最柔軟的肚子環抱。

刺蝟先生的孤僻真的會讓另一半覺得寂寞覺得冷，兩個人好像只有名義上在一起。當另一半想要再更靠近一點，刺蝟先生就會遠離，只能一直玩著「你跑我追」的遊戲。

如果妳現在正和一隻刺蝟先生談著若有似無的戀愛，此刻的當下，妳正經歷一場不知道何時會結束的冷戰，為了把戀愛的快樂找回來，請順著刺蝟先生的意思，讓他繼續獨身下去。

當然如果妳自認天生的耐痛力高人一等，那麼妳可以選擇冒險，把刺蝟先生身上的刺通通拔掉。但是那絕對是大工程，可能拔到一半，妳就先變成千瘡百孔的洞洞人，然後因為失血過多而陣亡。

碰過刺蝟先生的女孩，到後來都很難再相信愛情，甚至開始否定自己。但是真的不需要把別人的問題，變成自己的問題。

天寒地凍，常年冰雪覆蓋的南極地帶，就算偶有陽光，還是不適合人居。趕緊上路，遷徙到一個風光明媚的國度，找個妳愛他，他也可以用正常方式愛妳的無刺男人，讓愛降落。

二〇一九年底，四十四歲的臺灣第一名模，終於澈底斷開了和她情牽十七年的刺蝟先生，閃嫁給小她七歲的日本放浪兄弟 Akira。或許是她終於領悟，最好的愛，是不會讓自己疼的，最後嫁給了愛情。

● ● ● ● ● ● ●
陰陽渣對付指南

遇過刺蝟先生的人，一定都會認同「冷暴力，重傷害」。

在我三十五歲那年，交往了一個攝影師男友。

關係剛開始的時候，一切都看來很正常，只是他的一些價值觀，在我看來有些悲觀，他問我：「人為什麼要結婚？最後不是都會離婚。」

問起他的家人，他只是淡淡地說，從小他在美國加州長大，因為媽媽長期面對爸爸的家暴，最後帶著他逃回臺灣。前幾年他聽說爸爸被人打死了，他沒有處理後事，也沒有參加葬禮。在他口中，那好像是別人的故事，爸爸對他來說，像個陌生人。

再問起他之前的感情，他交往過的對象，竟然多到兩隻手加上兩隻腳都數不完。

上一段感情，是他交往最久的對象，他說那個女生不太管他，兩人雖然同居，卻維持著室友般的關係。後來他發現那女生持續和前男友上床，所以兩人分得很難看。

交往沒多久，我就發現他變了一個人，性格陰晴不定，而且很難靠近。

我只要一不順他的意，或是希望改善關係品質，他就會對我進行為期一個月的冷戰懲罰。

我們只交往八個多月，前後我就歷經了三次冷戰。每次事隔一個月後他再次出現，我都像驚弓之鳥，深怕輕舉妄動，他又神隱。

他總是表現出一副「妳要走就走，要留就留，我就是這個樣子，能不能接受隨便妳」的樣子，和他在一起，我從來沒有快樂過。

我在我上一本書裡，曾經這樣形容過我們的關係：「我們的身體沒有在一起，我們的靈魂也沒有在一起，我們只有 Facebook 上的感情狀態顯示在一起。」

因為相隔兩地，我在臺北，他在新竹，可以見面的日子不多。

每次我南下找他，他就是把我當空氣。他可以整夜和朋友連線打電動，就是不願意正眼看我，更不願好好跟我說話。

過程中好幾次我真的很想退場，但是當時我拿了一大筆錢幫他創業，所以我害怕如果當下喊停，那些錢會拿不回來。

我問他，為什麼不能對我好一點，他對我大聲咆哮：「因為我不希望妳覺得我是因為妳拿了錢給我，我才對妳好，所以我要對妳不好。」

後來發現，他是透過對我不停地精神虐待，來測試我對那段感情的忠誠

度。如果無性無愛，又只有傷害的關係，我都還賴著不走，那他就可以放心相信，他是值得被愛的人。

最後是他決定結束關係，我終於明白爲什麼他之前談過的戀愛可以超過二十次，而且每段關係都很短命。如果只看數量，會覺得他很花心，其實他只是沒辦法維持一段穩定長久的關係。

離開刺蝟先生的當下，很痛很痛，難過的原因不是因爲自己有多捨不得，只是不明白自己到底做錯了什麼，要承受那麼多難堪。不過後來我非常感激刺蝟先生果斷地放生我，讓我可以回到正常人的生活。

有的人會鼓勵「逃避型依戀者」的另一半，用正確的方式和他們相處。像是：不要勉強他們、幫助他們認識自己、試圖讓他們相信自己是值得被愛的、給足他們需要的空間、多談論他們有興趣的話題、不要把焦點放在感情上、不要對他們灌注太多愛、要漸進式靠近……，媽呀，有沒有需要爲了討好一個人，把自己搞得這麼累。

既然刺蝟先生覺得自己一個人獨處比較輕鬆愉快，爲什麼我們要強人所難，搞得他不開心，我們也開心不起來。

刺蝟先生的人生難題，不該成爲我們的人生難題。人生很短，找個可以一起好好生活的人，比起要花很多力氣磨合的人，來得明智多了。

渣男動物園　二〇二〇年度淨字第十四號除渣判決

聲請人：渣男動物園園長　凱薩琳・孔

渣男：陰陽渣——刺蝟先生

上列渣男因多刺傷人案件，經渣男動物園園長提起公訴（二〇二〇年度淨字第十四號），本園判決如下：

主文

「陰陽渣——刺蝟先生」連續犯下「帶刺傷人」案件，判入渣男動物園終身。

事實

被告「陰陽渣——刺蝟先生」，像座冰山，外圍種滿了仙人掌，是最難靠近，也最難取悅的男人。

童年時的缺愛陰影，讓刺蝟先生建立起一套自我保護機制，他們認為誰都不能相信，也沒有人會真正愛自己，導致刺蝟先生成年後，習慣用一種把人向外推的方式，來處理每一段關係。

刺蝟先生渴望建立關係，同時他們也摧毀關係。熱戀初期，他們是完美的戀人，可是當他們意識到自己即將深陷一段感情，就會立刻抽離，用各種隱形暴力，逼退被害人遠離。

刺蝟先生是天生的「悲觀主義者」，才剛在一起，就馬上想到分手。

他們潛意識裡，認為自己不夠好、也不值得愛。因為害怕被否定、被遺棄，所以先下手為強。

刺蝟先生對另一半總是表現得漫不經心，潛意識裡明明愛著對方，但是帶給被害人的都是傷害。他們刻意否定被害人的重要性，也允許自己在關係裡自由來去。

　　被害人何其無辜，她們一開始認識的，明明是個性柔軟的刺蝟先生，誰知道他會突然冷漠轉身，被害人才驚覺這個男人竟然滿身是刺。

　　想靠近，會疼；想放棄，又捨不得。搞得自己沒辦法前進，也沒辦法後退，人生都卡住了。

　　只要被害人試圖改善關係，刺蝟先生就會把自己縮成一顆球，強烈表達拒絕溝通，被害人能做的只有等。但是到底要等多久也沒人知道，反正要讓刺蝟先生躲到飽就是了。

　　對於刺蝟先生來說，愛情乃身外之物，生不帶來，死不帶去。妳要走要留，都隨便妳，他不會攔妳。他們也經常把「我不需要戀愛」、「別來煩我」、「愛情對我來說可有可無」掛在嘴邊，拒絕被害人的善意。

　　和這種帶刺又定期搞失蹤的男人交往，真的讓人挫敗，兩個人比一個人還孤單。

　　名義上明明在一起，但是經常看不見，摸不著；實質的互動也通通給不起，搞得被害人好像跟鬼談戀愛。所以每段感情的下場，果真就如刺蝟先生預期的一樣，早夭短命。

　　分手後，被害人還在療傷，刺蝟先生已經很快投入下一段關係，澈底傷了被害人的心。可是最慘的人，永遠是當下跟刺蝟先生在一起的女人，在刺蝟先生心裡，最完美的對象永遠是上一任，或者下一任，絕對不是這一任。

　　渣男動物園法庭宣判，「陰陽渣——刺蝟先生」，判「冰塊×仙人掌滿室」之刑罰。從此在零下的冰庫監獄裡，終日臥倒在仙人掌上頭，不得翻身。讓刺蝟先生親自感受冷暴力的刺骨，也親身體驗變成千瘡百孔的洞洞人，到底會有多疼痛。

　　本案判刑定讞，不得上訴。

西　　元　　２０２０　年　７　月　１０　日

犯罪系渣男——狼先生

渣男指數　★★★★★

危險指數　★★★★★

常見指數　★★☆☆☆

外號：流氓｜前科犯｜殺人魔

品種：狼心狗肺｜喪心病狂｜面惡心惡

總結：分手變分屍。

No.015

犯 罪 系 渣 男

兇 殘 渣 ，貪 婪 衝 動 ，分 手 變 分 屍 。

【無渣環境·妳我有責】渣男通報專線：Author / 凱薩琳·孔 케서린·공 : https://www.facebook.com/TRASH.MAN.ZOO
Illustrator / LazyDon : https://www.facebook.com/LazyDon.2019

「兇殘渣・狼先生」，草菅人命的恐怖情人，像一顆隨時會引爆的不定時炸彈，自毀也傷人。

前科累累的狼先生，出入監獄就像進出廚房一樣頻繁。他們幹過的刑事案件有大有小，等級較高的幾乎都上過社會新聞。只要 Google 他們的姓名，跑出來的結果可能嚇死人。

因為有案底在身，狼先生沒辦法找到穩定的工作，只能靠著打零工，或者從事見不得人的非法行業，甚至靠女人救濟過活。

狼先生通常是「反社會人格障礙患者」，他們的價值觀異於常人，屬於活在體制外的不受控人類。根據「美國精神疾病診斷準則手冊第五版（DSM-5）」，反社會人格患者的思想和行為模式會出現以下七種特徵：

一、作奸犯科，刻意衝撞法律及社會規範。

二、狡詐虛偽，使用假名招搖撞騙，從中獲得快感及利益。

三、性格衝動，情緒永遠跑在理智前面。

四、暴衝易怒，經常和人發生肢體衝突。

五、草菅人命，不在乎他人及自己安危。

六、無責任感，無法維持一份穩定的工作，也無法遵守承諾。

七、冷血無情，合理化自己對他人造成的傷害，缺乏同理心。

狼先生絕對是標準的壞胚子，他們神祕、冷血、兇殘，幹過的壞事樣樣都喪心病狂。

可是就算狼先生作惡多端，還是可以吸引女人對他們死心塌地，通常和他們速配指數最高的，不是「乖乖牌女生」，就是「單親媽媽」。

「乖乖牌女生」從小到大都活在體制框框內，是父母師長認可的好小孩。對她們來說，來自另一個星球的狼先生就是有一種致命的吸引力，蠢一點的甚至覺得愛上壞蛋好浪漫。

從交往的那一刻起，「乖乖牌女生」就成了狼先生手中的人質，狼先生

可以輕易從她們身上，掠奪他們想要的情感、金錢、性愛。當狼先生察覺對方似乎打算退場，就會引發殺機。

至於「單親媽媽」，她們自認為和狼先生同是天涯淪落人，所以對狼先生有種惺惺相惜的感動。

她們的人生一直在複製相同的不幸，好不容易才從一隻狼先生的手中死裡逃生，下一秒又跳進另一隻狼先生的手裡。

這一款的「單親媽媽」，過著自暴自棄的人生，她們自覺人生失敗，失婚了還帶著孩子，也找不到穩定的工作，現在有個男人願意一起生活，應該心存感激。

雖然和狼先生在一起，一樣很難溫飽，甚至還要過著提心吊膽的日子，但是她們認為，有個男人在身邊總是比較保險，可是下場通常是悲劇。

「男人不壞，女人不愛」這句話真的害死人，它給了男人立志變壞的動力，也讓女人一直愛不對人。

狼先生的故事好像離我們很遠又很近，大部分的人自認不太會碰到這種前科犯，但是狼先生又經常出現在報紙頭版或者電視新聞頭條。

他們是禽獸，但是根本禽獸不如，一個幹過殺人案、縱火案、恐嚇案、吸毒案、性侵案、情殺案、弒子案、弒親案、強暴案、竊盜案、詐欺案……的傢伙，怎麼有人還愛得下去？清醒一點，他們之前所犯下的前科，不是劈腿、外遇、嫖妓之流的小兒科，另一半有劈腿紀錄都讓人怕得要命，這種會喪命的不怕說不過去。愛真的沒有那麼偉大，偉大到連命都可以不要。

如果妳患有「斯德哥爾摩症候群」，拜託不要這麼自私，戀愛自己談，卻要無辜人一起陪葬，全部只因為妳害怕自己一個人。

一個人真的不會孤單而死，一個人只要有心，帶著孩子也餓不死，找一個幹盡壞事的男人，才是真的找死。不只自己慘遭殺害，還會禍延二代甚至三代，整個家族都可能慘遭滅門。

當然任何人都有改過自新的可能，狼先生也是有機會可教化，從此改邪歸正，重新做人。但是對於曾經的重案犯罪者，生活上還是保持安全社交距

離比較安全。點頭之交沒問題，男女交往就免了。看看社會新聞就知道，狼先生從監獄放出來以後，不良率還是居高不下。

何必去賭一個未知的機率，就跟丟銅板一樣，一翻兩瞪眼。幸運的話，浪子回頭；不幸的話，妳和自己的家人，都可能變成刀下冤魂。

妳不是神，不需要神愛世人，妳也沒有超能力，不要自以爲可以把狼先生變成大善人。如果妳還想好好活下去，請先證明妳不是小紅帽。

‧‧‧‧‧‧‧‧
兇殘渣對付指南

在臺灣，幾乎每隔一陣子，就會有一隻狼先生的恐怖事蹟浮上新聞版面，每一個個案都非常駭人聽聞，慘絕人寰。而且仔細研究就會發現，狼先生絕對不是初犯，他們通通都有案底在身，以下是狼先生代表的隨機抽樣：

狼新聞一：恐怖情人！女遭男友控制八小時險遭鐮刀砍殺

蕭姓男子和蕭姓女子國中時期曾經交往，出社會後各有家庭，後來意外重逢，再次點燃愛火。交往一陣子後，蕭女有意回歸家庭，提出分手，結果遭到蕭男軟禁長達八小時，甚至手持七十公分的鐮刀威脅要砍死蕭女。經警方清查，蕭男有傷害、毀損、恐嚇、毒品等前科。

狼新聞二：女遭男友開玩笑嗆「分屍」，調查後竟發現有前科

一名三十二歲的林姓女子透過交友軟體認識了二十八歲的江男，原本以爲找到真愛，但是交往一陣子後，每當兩人一有衝突，江男就會威脅林女不准分手，否則要將她分屍。林女心生畏懼，找了徵信社協助調查江男底細，發現江男有恐嚇、傷害、妨害自由等前科。

狼新聞三：屏東女屍命案偵破，「不滿分手」交往二十五天前男

友憤而殺人

屏東縣一所國小的籃球場,發現一具身中十四刀的女屍,臉部被鈍器打到毀容,倒臥在血泊中死亡。經警方調查,死者是二十一歲的邱姓少女,兇手是交往二十五天的王男。王男聲稱因不滿女友提分手,才一時失控犯下大錯。但警方指出,王男是預謀犯案,他在 Facebook 上以另一個假身分約邱女見面,一見面王男就拿出童軍繩將邱女勒昏,甚至進行性侵。經警方清查,王男有強盜、妨害性自主、兒童性交易防制條例等前科。

上面三個新聞事件回顧,是不是看得妳毛骨悚然?還不夠,再補兩個更為熟知的社會案件。

兩年前轟動社會的「臺大女慘遭渣男教練殺害」一案,被害人是臺大研究所畢業的高材生。當初她在交友軟體 Tinder 認識了朱姓健身教練,兩人很快陷入熱戀。但是交往兩個月後,被害人告訴朋友:「我覺得他瘋了。」、「他有病。」男友抓狂時會完全失去理智,不只大聲咆哮,還會亂摔東西,甚至逼她花錢租下整層公寓,搞得她很害怕,想提分手。好友提醒她:「小心被分屍。」,沒想到竟然一語成讖,被害人慘遭分屍十七塊,內臟也離奇消失,朱男甚至將死者頭髮剃光。案發後,朱男也自殺身亡。

根據檢方調查,朱男患有重度憂鬱症、恐慌症、躁鬱症,強迫症,還有販毒、偷竊前科,甚至在美國搶過銀行。朱男前妻的妹妹更出來爆料,之前姐姐也慘遭朱男囚禁、毆打。

事實證明,狼先生過去幹過的那些壞事,肯定會再次上演,而且手段只會越來越兇殘。無辜的「乖乖牌女生」,終究劫數難逃。

「彰化繼父打死四歲兒丟門口,生母目睹未送醫」是今年三月才發生的慘案,彰化地區一名四歲男童因為不肯吃飯,慘遭繼父毒打,打到內臟出血,還開門把男童丟出去。

隔天凌晨發現男童沒了生命跡象,生母把孩子的遺體留在屋內,十八個小時後兇手才到警察局自首。

根據警方調查，男童的生父目前正入獄服刑中，與男童生母育有三子。離婚後，生母改嫁給兇手，新婚不到兩個月，男童就慘死，其他兩個孩童身上也是傷痕累累。每回孩子遭毒打，生母不曾出面阻止。

檢方調閱資料發現，兇手有竊盜前科，也因為逃兵有兩次通緝紀錄，果然又是一個有案底的傢伙。

這個社會案件真的讓人看了拳頭都硬了，狼先生該死，但是那名單親媽媽也該死。記者找到了她的臉書，上頭滿是和兇手的親密合照，真的是什麼鍋配什麼蓋。

狼先生本來就壞，但是那個「單親媽媽」也是間接的殺人兇手。戀愛她在談，苦難孩子受。狼來了，孩子的命也沒了。

請好好珍惜生命，當妳發現四周有狼出沒，請快點逃命。

其實社經地位相對低的狼先生，外表上很容易辨識，連鬼看到他們都會繞路；但是社經地位較高的狼先生就很難從外觀辨識，他們不一定是滿臉橫肉的標準壞人長相，看起來乾淨斯文的也大有人在。

既然不能透過外貌進行百分之百防範，就必須更加留意對方的言行。當妳好像嗅到了一點狼味，不要欺騙自己那只是錯覺，相信自己的第六感，妳真的已經誤上死亡列車了。

但是妳才剛上車，還來得及下車，這時候請妳一定要沉著冷靜，而且不要害怕讓家人或朋友知道妳深陷危機。很多女生出事了不敢張揚，因為怕被家人責罵，也擔心朋友會用異樣眼光看自己。這時候請讓越多人知道越好，至少先為自己築起一道保護牆。

當情況開始有點失控，如果非不得已必須和狼先生碰面，請務必選在人多的公共場合，同時主動通報一一〇，也隨身攜帶防狼噴霧。要是情況已經非常危急，請記得在家門口裝上監視器。

兩隻腳是個好東西，碰上了狼先生，逃得越快越好。要是妳還在那邊欲走還留，很可能下一則社會新聞的被害人就是妳。

渣男動物園　二〇二〇年度淨字第十五號除渣判決

聲請人：渣男動物園園長　凱薩琳・孔

渣男：兇殘渣——狼先生

上列渣男因恐怖情殺案件，經渣男動物園園長提起公訴（二〇二〇年度淨字第十五號），本園判決如下：

主文

「兇殘渣——狼先生」連續犯下「失控傷人／兇殘殺人」案件，判入渣男動物園終身。

事實

被告「兇殘渣——狼先生」，泯滅人性，輕賤人命。恐嚇、威脅、傷害，是他們擅長操弄的把戲，只要誰敢不順他們的意，就等著被消失。

狼先生性格扭曲，屬於「反社會人格」。因為大腦結構異於常人，因此對於別人的痛苦無動於衷，他們習慣用「兇殘」來解決所有問題。

狼先生無法群居，他們認定自己才是世界的中心，對於是非對錯的認定，通通以他們的感受為準。他們的視角，只能看到仇恨。他們自私、衝動、殘暴，經常合理化自己的錯誤，甚至把錯推到被害人身上。

求學階段，他們就是老師眼中的頭痛人物，翹課、逃學、偷竊、打架、甚至侮辱師長；長大後，他們變本加厲，逞兇鬥狠的性格，讓他們無法找到穩定又正常的工作。憤世嫉俗的病態心理，讓他們覺得所有人都對不起他們，於是開始活躍於各種犯罪案件。

雖然狼先生屬於社會上的 Loser，說他們是社會敗類也不會太過分，但是他們就是有辦法可以找到女人對他們死心塌地。

他們會自動把被害人進行分類，如果被害人是和狼先生完全不同象限的

「乖乖女」，他們會刻意改名換姓，隱瞞自己的經歷，讓被害人 Google 不到他們過去的豐功偉業；如果被害人是和他們有著相同頻率的「單親媽媽」，狼先生會驕傲自豪地分享自己幹過的大事，然後豪氣地說：「我會好好照顧妳們母子！」

但是披著羊皮的大野狼，很快就露出馬腳，他們對待被害人如對待獵物般，冷血又凶殘，髒話問候配上拳打腳踢是基本日常。

因為長期酗酒、吸毒的關係，狼先生就算沒喝酒，看起來也像酒醉，就算沒吸毒，看起來也像剛嗑藥，他們的精神狀況鮮少正常過。

他們仗恃著自己在關係裡的惡勢力，在金錢、性愛、情感上，對被害人予取予求。被害人對他們來說，是出氣用的「受氣包」、缺錢花用時的「提款機」、憤怒洩恨時的「拳擊沙包」，甚至是逞性慾時的「充氣娃娃」，狼先生完全不把被害人當人看。

當被害人決心求去，狼先生輕則開口索討分手費，重則威脅同歸於盡，不然就是恐嚇被害人要把兩人親密照公諸於世，讓被害人沒有臉活下去。

幾乎每個和狼先生交往過的被害人，下場都很淒慘，不是自己選擇消失，就是被消失，最慘的是連家族人數都變少。

狼先生已經是監獄的常客，入監的 SOP 沒有人比他們更清楚。監獄包吃又包住，對他們來說根本人間天堂。反正進來了會再出去，出去了還會再進來，就像自己家的後花園一樣。

渣男動物園法庭宣判，「兇殘渣——狼先生」，判「高溫室唸佛經」之刑罰。因考量他們天生冷血，希望透過強力高溫，改變他們的冷血體質。並將其監獄布置成佛堂，命狼先生沒日沒夜唸佛經，迴向給冤親債主。

以上判刑定讞，不得上訴。

西　　元　　２０２０　年　７　月　１０　日

兩棲系渣男——青蛙先生

渣男指數　　★★★★☆

危險指數　　★★☆☆☆

常見指數　　★★☆☆☆

外號：劈腿男｜花心男｜偷吃男

品種：O 型腿｜不安於室｜水陸雙棲

總結：青蛙不是王子。

No.016

兩棲系渣男

劈腿渣，雙腿閉鎖不全，青蛙不是王子。

【無渣環境・妳我有責】渣男通報專線：Author / 凱薩琳・孔 케서린・공 : https://www.facebook.com/TRASH.MAN.ZOO
Illustrator / LazyDon : https://www.facebook.com/LazyDon.2019

「劈腿渣・青蛙先生」，雙腿閉鎖不全，膝蓋無法併攏，靠著一雙 O 型腿走跳江湖。

青蛙先生屬「雙棲動物」，對他們來說，水上和陸上各有各的好，哪邊都放棄不了，所以他們適性發展，讓自己發展成「雙妻動物」。

不同於豹先生只用肉體出軌，青蛙先生劈腿時可投入多了，每天一張眼就開始思考，今天到底要水上漂還是陸上跳？到底要向左走還是向右走？

青蛙先生的雙腿沒辦法正常閉合，一部分是先天的基因不良，一部分是後天的劈腿傷害。因為長期腳踏兩條船，雙腿必須配合兩條船前進的速度及方向，才不會發生船難，導致他們小腿彎曲的弧度不斷變大，小 O 慢慢變大 O。

既然劈腿行為已經造成身體上的永久變形傷害，乾脆習慣成自然，「慣性劈腿」成了青蛙先生固定的感情經營模式。雖然在別人看來，他們根本用情不忠，但是青蛙先生並不覺得自己壞，因為不管是水上的那個女人，或是陸上的那個女人，他們都一樣愛，而且很真心。

青蛙先生是天生的管理大師，精通各項管理。他們是「時間管理大師」，必須妥善規劃檔期，才可以兩個女人都兼顧；他們是「金錢管理大師」，別人只有一個女人要照顧要討好，他們多出了一位，花費自然加倍；他們是「體力管理大師」，不能只睡這個卻讓另一個獨守空閨，所以平時要多吃保健食品或者壯陽藥品；他們是「八卦管理大師」，必須顧好週遭親友的大嘴，才不會讓劈腿消息外洩；他們也是「記憶管理大師」，必須牢記兩個女人的名字、生日、暱稱、喜好、還有陪她們各自做過的事情，以及各自去過的地方，才不會對著 Baby 喊 Honey，對著 Honey 喊 Baby。

青蛙先生不會選擇，他們也害怕選擇，對他們來說，一次擁有兩個女人是最平衡的完美狀態。

張愛玲說：「也許每一個男子全都有過這樣的兩個女人，至少兩個。娶了紅玫瑰，久而久之，紅的變了牆上的一抹蚊子血，白的還是『床前明月光』。娶了白玫瑰，白的便是衣服上沾的一粒飯黏子，紅的卻是心口上一顆

硃砂痣。」為了不讓紅玫瑰變成牆上的蚊子血，也不讓白玫瑰變成衣服上的一粒飯黏子，青蛙先生決定同時擁有紅玫瑰和白玫瑰，讓兩朵花在他的世界同步綻放盛開，不會凋零枯萎。

在青蛙先生的觀念裡，沒有合法的另一半，也沒有非法的另一半，會有那種認定，都是庸俗之人的偏見。青蛙先生認為，只有比較早出現和比較晚出現的差別。可是當他們被抓包時，可就不敢那樣大言不慚地替自己辯解。

如果妳擁有的是比較早跨出去的那條腿，青蛙先生會跟妳說，都是外面那個女人主動投懷送抱，他只是一時意亂情迷；如果妳擁有的是後來才跨出去的那條腿，青蛙先生會用力裝可憐，告訴妳家裡的女人好可怕，他跟她感情不好，現在正努力跟她分手，請給他一點時間，很快地妳就可以名正言順成為合法的那條腿。

別傻了，依照青蛙先生的習慣，只要有人退場，他會想辦法把名單補齊，因為三角關係對他來說才是最舒服的狀態。妳現在之所以領先，是因為先前有人退出，才讓妳後來追上；就算妳現在落後，未來還是有機會領先，但是妳原來的空缺一定會找新人遞補。

如果說，大象先生的出軌是偶發的意外，那麼青蛙先生的劈腿就是生活日常，說什麼都會一直劈下去。或許他們今生的遺願就是，當他們往生的時候，訃聞上頭可以雙妻掛名。

這種不安定的靈魂，替青蛙先生爭取到了「旅蛙（旅かえる）」手機遊戲的主角角色。他們三天兩頭就到外頭亂搞，但是為了讓主人安心，他們一定會稍來消息或者帶回紀念品。反正不管他去了哪裡，終究還是會回家。

這樣看來，好像只要不吵也不鬧，乖乖配合青蛙先生維持固定三人的恐怖平衡關係，日子就可以相安無事的繼續過下去。可是不管妳是名義上合法擁有那條腿，還是非法持有那條腿，終究還是只有青蛙先生的一條腿，妳到底為什麼要緊抓著這個殘障人士不放？甚至還透過青蛙先生跟另一名女子不斷地進行間接的體液交換？

青蛙永遠是青蛙，青蛙不會變成王子。

劈腿渣對付指南

在我很年輕的時候，我遇過劈腿男，而我是他外面的那條腿。

站在道德的立場來看，很多人會認定我有瑕疵，但並不是所有的第三者都十惡不赦，事實上，不知情的第三者也很多。

那年我二十二歲，和他同一個臺大社團，我們從不曾交談，不過我知道他是一個知名藝人的弟弟。他和他哥哥長得非常神似，但是我對他跟他哥一點興趣也沒有。

一次社團的聚餐後，隔天，我接到一通沒看過號碼的電話，結果是他。他問我在哪棟大樓上課，下課後，他開著車到臺大椰林大道接我。

那陣子我剛考上汽車駕照，他說要陪我練車，願意把他的車借我當碰碰車。我有點緊張，問他如果把車子撞壞了怎麼辦，他說沒關係，車子本來就是拿來撞的。

當時我記得他對我說了一句話：「只要是男生，沒有人會不喜歡妳。」這句話當場讓我小鹿亂撞，我想，他是要告訴我他喜歡我吧。

當天晚上，他在 PTT 上，點了一首臺灣首席男神金城武的〈多苦都願意〉給我，當下覺得受寵若驚，因為他的身分真的有些特殊，當年在臺大小有名氣。

接下來的日子，他幾乎每天都會開車載我玩耍，陪我吃飯，也帶我回家。很快地，我們開始交往，但是一直都僅止於純愛。因為他陪伴我的時間很長，對我也很好，我理所當然以為他是 Available 的狀態。

後來意外發現他竟然有一個交往五六年的正牌女友，他們甚至同居。當下我很崩潰，我不能接受自己竟然莫名其妙成了別人感情裡的第三者。他告訴我，他跟那個女生感情不好，但是因為那女生家境清寒，學費和生活費都由他來負擔，他捨不得也放不下，所以一直沒離開。他要我給他一些時間，他會盡快處理跟她的關係。

　　當下我沒有太多懷疑，既然他都說他會處理了，我選擇相信，可是我也開始會哭會鬧。沒多久，我再也找不到他了，他拒接我的電話，也不回我的訊息。我覺得我的世界崩毀了，唯一慶幸的是，因為我的堅持，我們始終沒有發生關係。

　　後來他去當兵，我也考上了研究所。某天他若無其事地又出現了，對於當初的失聯，沒有任何解釋，他只告訴我他真的有很多不得已。他對我就跟當初一樣那麼好，也陪我過了那年的生日，還送了我一個 Louis Vuitton 的包包。

　　他的女友，成了我們之間的禁忌話題，但是我一直在等待奇蹟。

　　我不會主動跟他聯絡，但是只要他找我，我都會說好，這樣的關係一直持續到他退伍。

　　退伍後，他開始準備英國留學的考試。一個晚上，他再次找我，說要帶我出去走走。他才剛停好 Porsche，一下車就被後頭的女生大聲叫住，那女生衝過來質問他到底怎麼一回事，指著我大罵：「這女人是誰？」我才知道原來那女生是他女友的親姐姐。

　　接下來發生的事情，是我一輩子忘不了的羞辱。他開始和他女友講電話，而我像個在旁邊罰站的小孩，不敢說話。

　　後來他把電話遞給我，問我：「妳願不願意幫我解釋？」拿起他的手機，對方開始不停地辱罵我，我只是一直哭著說對不起，我不是故意的。

　　她：「是妳主動接近他的？」

　　我：「不是。」

　　她：「妳們有沒有發生關係？」

　　我：「沒有，從來沒有，我拒絕了。」

　　她：「妳這麼晚跟他出去，不怕被他強暴嗎？」

　　我：「妳覺得他是這種人嗎？」

　　她：「因為他臺大畢業，家裡又有錢，又很多車，妳才跟他在一起的對

不對？」

　　我：「不是，我也是臺大的，而且，那些錢或那些車，又不是他的。」

　　她：「妳為什麼這麼賤？為什麼要搶人家男朋友？」

　　我：「對不起，我真的沒有搶妳的男朋友，剛剛他要我跟妳解釋，我想他已經做出選擇了，我不會再跟他聯絡了。」

　　那個晚上，我重重摔了 Porsche 車門後，我暗自決定要讓這個渣徹底從我生命消失。

　　兩年後，他從英國留學回來，再次出現。他告訴我，這次他真的單身了，他女友在他出國唸書時劈腿了，對象是他最好的已婚朋友。

　　他又開始經常和我聯絡，但是也開始對我嫌東嫌西。他不避諱讓我知道，當時他認識了一個小他七、八歲的女生。他常跟我說，那個女生傻傻的比較好，責備我太聰明，他說太聰明的女人，會讓男人有壓力。

　　因為我再也不想忍受這些烏煙瘴氣，也不想繼續成為二分之一的固定班底，所以我很明確地表態退場。

　　現在回想起來，覺得自己當年真的傻得可以。兩個女人都在爭奪那個「最愛」的位子，但是其實劈腿男最愛的永遠是自己。東窗事發時，都是女人在互相為難，也是女人在彼此傷害，闖禍的男人卻可以躲得遠遠地，置身事外，隔岸觀火。

　　當時的心情，到現在我還心有餘悸。因為一個男人的錯誤，我無端被捲入一場兩個女人的戰爭，逼迫自己和另外一個女人拚個輸贏。暗自傷心自己哪裡比不上她，或者暗自竊喜自己哪些條件贏了她。

　　其實那是一場完全沒有意義的競爭，因為就算贏得了冠軍，獎品也是個垃圾，等於要把垃圾搬回家。

　　如果不幸碰上了青蛙先生，不管妳是先來還是後到的那個，都不要相信他們的滿口謊言。他們最常用的辯解之一：「她（正宮）不肯跟我分手，我怕她想不開，再給我一些時間。」辯解之二：「她（小三）明知道我有女朋

友，還主動投懷送抱，我怕她傷心，所以不忍心拒絕得太明顯。」

青蛙先生從來就沒打算解決問題，維持現況他們才是最大贏家。而且如果兩個女人都已經知道彼此的存在，卻沒有人退場，反而都在逼迫青蛙先生做出選擇，那麼青蛙先生就更不需要做出選擇。反正女人吵吵鬧鬧難免，哄一哄就沒事了，接下來只要加強自己的時間管理、金錢管理、體力管理、八卦管理、記憶管理就好。

反正快閃就是了，因為青蛙先生一輩子都不可能雙腳併攏，他們的劈腿技巧只會不斷進化。等到青蛙先生把劈腿功力練得爐火純青的時候，他們就會進階成蜈蚣。到時候妳一次要打 N 個，除非妳是千手觀音，否則多腿妖孽妳要怎麼收？

渣男動物園　二〇二〇年度淨字第十六號除渣判決

聲請人：渣男動物園園長　凱薩琳‧孔

渣男：劈腿渣——青蛙先生

上列渣男因張腿劈人案件，經渣男動物園園長提起公訴（二〇二〇年度淨字第十六號），本園判決如下：

主文

「劈腿渣——青蛙先生」連續犯下「腳踏兩條船」案件，判入渣男動物園終身。

事實

被告「劈腿渣——青蛙先生」，自認有「雙棲命」，也有「雙妻命」，理所當然地劈腿成性。

青蛙先生的感情生活，過得跟「海陸雙拼」一樣澎湃，魚與熊掌他們都不想放棄。他們認為就算是山珍海味，同一樣東西，連續吃久了也會膩，如果可以交替著吃，就可以永保嘗鮮期。所以他們無止盡地貪吃、偷吃，吃相難看。

青蛙先生從不覺得自己有道德瑕疵，他們相信自己有超能力，認為自己愛人的能力是普通男人的兩倍，二〇〇％的分量平分給兩個女人，每人還是實得滿分。

天生腿型畸形的關係，讓青蛙先生合理化自己的慣性劈腿，因為如果不同時腳踏兩條船，人生沒辦法前進。

青蛙先生絕對不會認同自己用情不專，就像某位很喜歡跟選民打賭跳海的已婚臺北市議員，二〇〇六年他就被媒體拍到載著助理小文到摩鐵開房

間，八年後，再次被媒體拍到帶著小文開房間。八年走來，始終如一，堪稱「花心的專情男」一名。

可是劈腿就是劈腿，哪有分什麼「專情劈」或「花心劈」。男人劈腿對於有「感情潔癖」和「身體潔癖」的被害人來說，情何以堪。都什麼年代了，誰會願意兩女共侍一夫？

低調又膽小的青蛙先生，會選擇隱瞞，絕對不可能讓兩名被害人知道彼此的存在；大膽又猖狂的青蛙先生，會選擇大方公開，不避諱讓兩名被害者知己知彼。當青蛙先生把遊戲規則攤開了，一來，可以減少自己的罪惡感，二來，兩個女人為了爭奪主位，會極盡所能地討好，青蛙先生反而成了最大的贏家，剩下的是兩個女人的戰爭。

對於兩名被害人來說，不管對方條件比自己好，或者自己條件比較好，感受都會很不好。

青蛙先生之所以腳踏兩條船的理由，完全本位主義思考：因為「新鮮感」，所以愛上小三；因為「罪惡感」，所以用愛彌補正宮。就算後來正宮逼退了小三，或者小三篡位成了正宮，空出來的位子永遠都會有新人遞補。

渣男動物園法庭宣判，「劈腿渣——青蛙先生」，判「雙腳捆綁過獨木橋」之刑罰。讓青蛙先生的雙腳再也無法打開，從此不再有劈腿受災戶。而且只要青蛙先生有一絲雜念，摔下橋後，底下就是鱷魚張口。

本案判刑定讞，不得上訴。

西　元　２０２０　年　７　月　１０　日

那些年，
我們一起遇過的禽獸

人一生，總會愛上幾個人渣

妳看過電影《志明與春嬌》嗎？我看過，而且很有感。

這系列的電影前後一共推了三部，《春嬌與志明》的前身是《志明與春嬌》，最後一集是《春嬌救志明》。

前兩集我看得很氣，咒罵張志明真的幼稚得可以。不過我發現，我根本是把自己現實生活的慘況投射進去，張志明成了我的情緒出口。

當時我談了一場姐弟戀，電影裡張志明、余春嬌的人設，和我跟那小鬼的組合一樣，女生都比男生大了四歲多，男生摩羯座，女生天蠍座。

不管是電影裡的張志明，還是現實生活中的小鬼，都一樣嘴賤、幼稚、愚蠢、小氣、自私、愛玩、沒有肩膀、不負責任、把無聊當有趣。

而我跟余春嬌一樣，除了忍，還是忍，因為當時我想結婚，真的好想結婚。

可是「戀愛都談不好就跑去結婚」，下場就跟「翅膀還沒長硬就想飛」一樣，都會摔得粉身碎骨。

我們的年齡差距，讓他可以合理化自己的弱智表現，甚至可以理直氣壯當個討人厭的壞孩子。我是他的小叮噹，存在的目的，就是包容他的愚蠢，也解決他生活中所有的難題。

我永遠忘不了那張恐怖的照片。

有一次，我們南下高雄義大世界，他去洗手間，我在外頭等，幾分鐘後我竟然收到一張「巨屎」特寫，我當場崩潰。沒多久，他得意地從洗手間走出來，露出勝利者的驕傲。

我也曾經在他的電腦桌面，發現好幾張我們之前共同同事的照片，裡頭有一張，是那女生張嘴吃披薩還牽絲的畫面，有點情色感。發現當下，我渾身發抖，他半句解釋也沒有，反而惱羞成怒。

和他交往實在很累，勞民又傷財，他的眼睛又對自己自帶濾鏡，覺得自己是不可多得的完美男子。

對於他所有一切的討人厭，我選擇隱忍。我一直以為充滿包容的愛才是真愛，後來發現，其實那是母愛。

雖然他那些荒腔走板的行為，有些人看來其實無傷大雅，但是我認為「只要在愛情裡給不起尊重的，都是渣」。

碰上了渣真的沒什麼大不了，這是機率問題，臺灣渣男那麼多，就跟狗屎一樣，再謹慎還是會不小心踩上，而且「一世人落落長，總會愛上幾個人渣」。

不過「我心中的王八，卻是別人口中的王子」，那男人前年年底結婚了，他的妻子跑到我「ORPHIC 幸福練習 單人婚紗」的粉絲頁，和我分享這個男人對她有多疼愛，是怎麼把她捧在手掌心。

知道那些的當下，我真的滿心祝福，要怪只能怪自己當時無底線的容忍退讓，才讓他的「渣能力」有機會發揮得淋漓盡致。

後來得知，他們的蜜月旅行去爬了喜馬拉雅山，挑戰體能極限，以及十天不洗澡。這個我真的沒辦法，可是那女孩卻覺得無比地幸福快樂。對我來說，蜜月就是要天天脫光光，天天和孔劉上天堂。

這再次證明了「她的蜜糖，是我的毒藥」。

現在的我，其實滿感謝那些渣，因為如屎般的他們，都成了我生命中的肥料。

當我終於鮮豔綻放了，我就有機會，努力把孔劉從公有轉為私有。

臺灣的渣男朋友們，
你們今天中午吃中國雞嗎？

這是二〇一九年聖誕節當天，發生的驚悚故事。

那天中午，我帶著我的貓，去萬華一間寵物醫院麻醉洗牙。安置好我的貓以後，我先離開，等候醫生通知再去接牠。

走去捷運站的路上，我看見前方有五個穿著清涼又俗氣的女人，聚集在一棟大樓外聊天。突然間，我前方飛入一名長相斯文，戴眼鏡的中年男子，朝著那五名女子走去。

原以為他只是路人，可是，他突然跟其中一名女子使了眼色，兩個人就一前一後走進大樓。

我終於明白是怎麼一回事，那男人是嫖客，那幾個女人都是中國雞。

我拿出手機，想拍下嫖客的背影，我覺得真的太扯了，怎麼會有男人中午時間不吃飯，卻跑來吃中國雞。從他的打扮看來，應該是一般上班族。

我加快腳步，經過那四個沒被選中的中國雞。沒走幾步，一個個頭很矮的男人，突然在後頭扯住我的包包還有大衣袖子。

我本能地快跑，一邊跑一邊告訴他：「我不是雞，我只是路人而已。」誰知道那個男人繼續瘋狂地追著我跑，我一路狂奔，最後躲進了永豐銀行的萬華分行。

分行的行員知道我遇到了危險，馬上幫我打電話報警。那個矮男跟了進來，逼我交出手機，要我把剛剛拍到的畫面刪掉。

沒多久，兩隻中國雞也衝進銀行，對著我大聲咆哮。

中國雞：「我們有肖像權，我告訴妳！」

我：「妳們為什麼那麼害怕被拍？我拍街景而已啊。還是因為妳們是中國來的非法流鶯？」

中國雞：「我們是非法流鶯啊，怎麼樣，不可以嗎？手機交出來。」

我：「我沒有要拍妳們，我也沒拍到妳們，我是拍中午嫖妓的臺灣男人。」

中國雞說有多兇，就有多兇，果然是強國女。

終於，兩名警察來了，他們對我使了眼色，示意會保護我。

中國雞要警察快點行使公權力，命令我把畫面刪掉。警察說，公共場合，每個人都有拍照的自由，只要我沒有上傳公開，就沒有肖像權的問題。

警察反過來要她們交出證件，她們抵死不從，只是一直對著我大聲嚷嚷，要我立刻把照片刪掉。

其中一個警察，喝斥了中國大陸雞，要她們閉嘴，在臺灣從事非法性交易還敢那麼囂張。

我告訴警察：「中國流鶯是非法的吧？我剛剛看到一個嫖客上樓，你們等等可以去抓。」

其中一個氣不過，對我大吼：「我是流鶯又怎樣，妳老公也會來找我們啦，搞不好妳老公也是我們的客人，怎麼樣，臺灣男人就是愛我們啦。」

我噗嗤笑了出來：「對不起喔，我還沒結婚喔。」

當時我心想，我老公是韓國巨星孔劉耶，哪裡看得上妳們這些劣等貨。

流鶯繼續對著我叫囂：「妳就是沒人要幹啦，才會嫁不掉。我們流鶯一堆人愛啦。」

我真的爆了，警察也怒了，大聲斥責她們，要她們馬上閉嘴，不然通通抓進警察局。

最後，那兩個中國雞悻悻然離開，應該是回到原地，繼續等待有緣的臺灣嫖客找她們遛鳥。

警察對我說：「妳剛剛為什麼不會嗆回去，大聲罵回去啊。這些女人真的太囂張了。」警察還跟我道謝，因為我讓他們知道，哪裡又有淫窟了。

為了我的安全著想，警察還特地陪我走了一段路才離開。

我真心感謝人民保母，也謝謝及時保護我的永豐銀行機警行員，不枉費

我是他們的房貸客戶。

到底是誰，放任那些中國雞在臺灣橫行？還不是臺灣渣男。

今天中午的那名遛鳥俠，看起來真的斯斯文文，人模人樣，就是一副好老公、好爸爸、好好先生的樣子，認識他的人，絕對想不到他會嫖妓。

所以啊，不要以為男友或老公每天晚上都有準時回家，他就是小乖乖，他可能都利用中午午休時間，讓鳥在外四處亂鑽。

以前我只在醫美診所聽過「午休雷射」，沒想到原來紅燈區的「午休遛鳥」也正夯。

都是臺灣渣男，才讓中國雞嘲笑臺灣女生弱。不過我釋懷了，因為我老公是韓國男神，不是臺灣人。

敢吃中國雞？吃死你們吧！但是拜託不要把病帶回家，臺灣女生是無辜的。

屠夫，祝你找到行走的子宮快樂

在我最想結婚的時候，認識了 W。

一對朋友夫婦，好心介紹一個條件很好的男生給我，那年我三十四歲。

朋友傳了他的照片給我，告訴我他的基本背景：家境富裕、出生於建築師世家、當年第一名考上建築師執照、多才多藝、上個女友交往十年才分手（暗示他是專情之人）。除了上述的優秀條件之外，還有一個很重要的關鍵：他非常想結婚，想趕緊找個以結婚為前提的交往對象，快快步入婚姻。

他的照片看起來有點年代，但是五官輪廓還是可以看出是個濃眉、大眼、挺鼻的男生。雖然稱不上頂級帥，也算中上了。

當時的我，還困在世俗價值裡，覺得女生年紀越大，價值越薄。眼看著就要跨過三十五歲的檻，到時候在市場上，肯定被丟到滯銷品專區，乏人問津。現在有機會可以認識這種天上掉下來的禮物，如果不把握，一定會遺憾終生。

於是，愚蠢如我，在正式認識他之前，就決定喜歡他了。

那份喜歡，不是出於渾然天成。「喜歡」成了一個開關，可以機械式的操控。只要把按鍵切換到 ON，就可以迅速地進入交往模式。

見面那天，我發現他本人至少比照片多出了十幾公斤，整個人腫得有點變形。「高傲」是我對他的第一印象，他的氣場強烈散發出：我是王子，你們通通都是庶民。

他帶著那對介紹人夫婦與我，去他剛落成的建案參觀。他滔滔不絕分享著他的建築理念，我覺得自己跟他是兩個世界的人。

當時看不起自己，覺得所謂的不同世界，就是自己不如他美好，自卑感從心底無限放大。

後來我們約會了幾次，他經常有意無意地讓我知道，身邊的長輩又介紹

了哪個「好人家」的女生給他。他所認定的「好人家」，都是政商名流後代，間接暗示了像我這種「普通人家」的女生，還可以越級接近他，真的很幸運。

他對我的態度很奇怪，若有似無。我知道有些女生會直接衝去他家一夜春宵，但是那些我真的做不來。

他告訴我，未來他的另一半，必須陪著他一同出席各種大大小小的重要場合，就像他的另一個門面。他覺得我的穿著很有問題，裙子太短，衣服布料太少，希望我可以改進。

當時的我，自我懷疑了起來，原來我的穿著不夠端莊啊，讓他覺得帶不出場。可是又隱約覺得這位 W 先生有點奇怪，他又還沒拿出交往的誠意，就試圖管束我的穿著，實在有點失禮。

在他不是我的任何人以前，就算我裸體出門也不關他的事。

三、四個月後，一次和朋友逛夜市，恰好路邊有個算命的小攤子，我坐了下來，問了算命師和 W 未來的發展。算命師告訴我，這男生雖然對我印象很好，但是同時間還有其他交往對象，勸我不要浪費時間。

再一次和他碰面時，我單刀直入問他：「其實除了我，你現在還有其他對象同時在約會對不對？」

他愣了三秒，問我怎麼知道的，然後說了一句讓我瞠目結舌的鬼話：「女生對我來說，就像砧板上的肉，切下去就要負責。現在上頭一共三塊，我不知道要切哪一塊才好。」

我無法相信，怎麼有人可以這麼不尊重女性，而且還把肉進行編碼。雖然憤怒，我還是心平氣和告訴他：「我不想像魚肉一樣任人宰割，我可以自己走開，這樣你砧板上的肉直接少一塊，二選一應該就容易多了。」

然後我們就斷了聯絡，直到一年後，他和後來挑到的那塊肉分手了。他在一次帶她出遊中，戲劇化地碰上了另一名男子的攔截，他才發現，自己選到黑心肉了。原來他只是那女生眾多男友當中的其中一個，更慘的是，他還不是主力。

他很傷心，消沉了一陣子，我們又碰面聊聊。

聽他說著他們相處的點滴，覺得這個世界很公平，你怎麼對別人，別人就怎麼對你。他原本以為那女生很成熟也識大體，給了他很大的空間和自由，從不過問他去了哪裡、跟誰在一起，天曉得那是因為她自己忙得不可開交，根本分身乏術。

我問他：「當初你到底有沒有認真考慮過我？」他說有。

我繼續問：「那為什麼你會猶豫那麼久？」

他告訴我：「因為我想要三個孩子，妳年紀有點大了，我覺得應該有困難。」

瞬間，我對這個人的印象完全崩壞，他到底是要找一個可以一起生活的對象，還是一個可以幫他生三個小孩的子宮？

人生中很多事情不是強求就有，也不是隨便喊個數字就能達成。這麼堅持要有三個小孩是怎樣，他是有多愛「三隻小豬」這個故事？

況且，誰說年輕的子宮就一定比年長的子宮容易生育？很多年輕的夫婦，生不出來就是生不出來。年輕的子宮，從來就不是受孕成功的保證；上了年紀的子宮，也不是受孕失敗的代表。

他開始對他的下一個對象許願：希望她忠貞專情、端莊嫻淑、勤於家務、擅長料理，開車技術更要好，才能接送孩子。

聽完他的願望清單，我很快地幫他做出結論。他所渴望的另一半，是一個沒有主體性，完全依附他生存的寄生蟲。

為了得到他引以自豪的「建築師太太」頭銜，首先，外型一定要高尚，宛如花瓶；接著，必須進化成「人體多功能事務機」，同時兼具「掃地機器人」、「煮飯婆」、「充氣娃娃」、「接送司機」……等功能，不只要全自動，更要超靜音，更重要的是，她一定要很會生。

三十八歲生日時，他請我吃飯，那是我們最後一次碰面，他把我當成神父告解。

他說他又剛結束一段感情，那個小女生一開始還願意配合她，後來開始

不停鬧情緒。

分手後也沒閒著，一堆人又開始主動塞對象給他，目前戰況是，有兩個女生主動倒貼，在同一個禮拜內，前後和他發生關係。睡完後，兩個人都想認真跟他交往，他好為難，不知道該怎麼選，而且其實心裡還是有點放不下前女友。

他果然還是依舊死性不改的四處留線，備胎多到可以開輪胎店。

我討厭他事不關己的態度，好像發生親密關係都不關他的事，都怪那些女生太主動，害得他現在進退兩難，左右為難。

他不忘關心我的終身大事，要我趕緊找個對象交往，迷戀韓星太不切實際了。

我覺得他很有事，自己都管不好了，還想要管別人閒事。比起迷戀孔劉，把專注力放在他身上才是真的虛度時光。

像這種所謂的三高男：身高高、學歷高、收入高，其實背後的真相是：血壓高、脂肪高、自視甚高。

從他身上，我發現了：職業稱頭的人，不一定有高尚的品格。他們職業自帶的光環，很容易讓他們膨脹成爛人。因為自認在婚姻市場上很搶手，所以他們放蕩情場，而且理直氣壯。

對他們來說，「沒有我搞不定的妹，只有我看不上的姐」。

我很幸運，因為潔身自愛，也懂得設停損點，才沒有成為他的玩具或者免洗餐具；我也領悟了，每一次的喜歡都很珍貴，絕對不能因為想結婚而濫用。

自卑時期，我習慣從低處望著他的背影，角度關係，他整個人好神祕、好巨大。現在我走到他的前頭，回頭看看落在身後的他，想像力消失了，剩下的都是真實。

我很清楚當初要是真的和他發展下去，真的可惜了人生。

終於二〇一九年，他結婚了。妻子依舊是年紀小他很多的女生，而且美若天仙，他終於如願找到一個年分很新的行走子宮，還兼具多功能事務機的

功能。

親愛的 W 先生，恭喜你找到行走的子宮。我用誠摯的心，祝福您未來子孫滿堂。等我這陣子忙完後，我準備去凍卵了，這年代科學很發達，年齡真的不算什麼。

後記：

寫完這篇後，我拿出手機，打開 Facebook，解除了和他的朋友關係，因為我老公的祖先有交代：「道不同，不相為謀。」那麼不尊重女性的男人，一開始就不該有交集，現在才下句點晚了些，但是永遠不會太遲。

舶來品渣，請放開你的髒手

　　我的辦公室座落於忠孝東路四段，從搬過去的第一天開始，我就覺得下樓之後，不管向左走或向右走，都好痛苦，因為一定會碰上討人厭的「老外路障」。

　　他們通常外型高壯，襯衫大概會預留三個敞開的扣子，胸口的毛，跟猩猩一樣茂密，從襯衫的縫隙，此起彼落地竄出來。

　　下樓後向左走，只要經過那間以色列噁男保養品店 A，都讓我覺得末日降臨。他們總會對我伸出魔爪，觸碰我的手臂，或是拍拍我的肩膀，更髒一點會直接抓住我的手腕，要我留步。

　　有一次我用力揮回去，大叫：「不要碰我的身體。」然後回頭怒視他們，他們竟然一點驚訝的反應都沒有，反而對我聳聳肩，露出不以為然的表情。

　　下樓後往右走，還有另一家以色列噁男保養品店 B。每次經過，我都會呈拋物線路徑迴避，但是那些路障，不死心地跟隨我的拋物線路徑行動。一次我終於受不了，大聲吼回去，結果死噁男竟然用著怪腔怪調的中文對我說：「Oh No，妳好兇喔。」

　　我知道他們葫蘆裡賣什麼藥，每回經過，都可以透過玻璃門，看到裡頭一頭又一頭的待宰羔羊，正伸出手，讓噁男恣意搓揉。一旦她們乖乖拿出信用卡，下期帳單一定會有一筆上看五位數甚至直逼六位數的交易紀錄。

　　根據我長期觀察，發現他們永遠鎖定「落單女子」、「大齡女子」、「高齡阿嬤」。

　　以色列噁男店 A 的辦公室，和我同一棟大樓，好幾次我看到他們把母肥羊帶上樓，提供 VIP 級的一對一服務。他們會搬出 DM 和整套商品，開始進行桃花術詐騙。每次我都好想衝過去跟那些姐姐們說：「樓下屈臣氏就可以買到的東西，不要跟他們買啊。」

但是他們個個人高馬大，我好怕當場被打到倒地不起，只能悻悻然走掉。

終於在二〇一九年的下半年，他們被媒體踢爆，新聞標題是「刷卡送妳擁抱親吻，外籍型男強迫推銷還性騷擾」，內容是「走過路過，是女的都不放過，臺北街頭最近出現了打著『法國以色列保養品』名號的集團，在各大百貨、捷運站周邊設櫃。並找來外籍型男，向女性消費者搭訕，似乎想用美男計，海噱臺灣女生一筆」。

我非常討厭這些洋人，就算他們賣的商品不黑心，但是他們的心一定是黑的。我不懂為什麼會有那麼多女生上當受騙，而且受害者幾乎都是單身的大齡女子。

正常人都知道，他們的甜言蜜語，都是謊話連篇。只要生理性別是女性，他們一律叫美女。凡走過路過，通通都是他們口中的寶貝，心中的財神爺。他們根本就有很嚴重的臉盲症，就算被我的手肘重重揮過不只一次，下一回路過，他們還是會逼我出拳。

不要跟我說什麼他們不偷不搶，女生掏卡出來是你情我願。賣東西好好賣不行嗎，動手動腳，還不停眨眼睛、拋媚眼、搓揉雙手、外加情話綿綿幹什麼？

那些以色列男人不只掏空女客人的錢，還上演各種性騷擾，女客人沒看清真相，還以為自己從天而降了一朵外國桃花，簡直人財兩失。

下次如果妳碰巧經過這種外籍猛男專營的保養品店，請把包包夾緊，速速通過，不要再讓外國男人笑我們臺灣女生好好騙。

謝謝您當初的看不上之恩

我承認我是一個很會記仇的人，但是當年的仇恨，如今轉為感恩。

故事要從五年前說起。

五年多前，我處於一個「重度渴婚」的狀態，希望朋友可以多多伸手遞來優質對象。可是我內心一直處於一種矛盾的狀態，一方面覺得自己已經年過三十五，應該只剩下死了老婆或者老婆跑了的男人可以選，不然就是只有長相端正，個性歪七扭八的瑕疵品可以將就；另一方面又希望上輩子燒的香沒有白費，攢了些福報，這輩子可以用在姻緣上。

誰知道，朋友們總是送來牲畜級的男人，把我搞到萬念俱灰。

當時一個認識超過十五年的朋友，突然想到了一個天菜級的男人，準備幫我上菜。

他說，那是他十幾年的好老友，單身一陣子了，條件如下：雙魚座、帥、一九七八年生、身高一百八十公分以上、機師。

看了幾張照片後，我必須說，真的有點帥。雖然跟韓國男神不能比，但是放在臺灣男人堆裡，長相絕對是名列前茅。

我馬上認真地求介紹，朋友說，他先問問對方的意願，對方當時應該正在「開飛機」，他已經先傳了訊息，就等他回覆。

看到沒有，是「開飛機」喔，不是計程車、不是公車、不是救護車、不是消防車，也不是垃圾車。

我開始腦補，如果有一個開飛機的男友或老公有多好。妳想喔，男友在駕駛艙開飛機，我在頭等艙滑手機，是不是有一種夫唱婦隨的浪漫。

但是朋友不斷提醒我：「此人是高手中的高高手。」、「我永遠搞不清楚他的感情狀態。」、「他以前感情上很多豐功偉業喔。」我明白他想暗示潛在的危險性，但是我選擇刻意忽略。

我天眞地以爲自己有神功，擁有教化人心的力量。

等了一天後，對方終於飛機落地，降落在某地的機場。他告訴朋友：「這女生條件不錯，但是我不想認識朋友的朋友。」

當時我眞的大受打擊，心想：照片我有開美肌，看起來應該不會太差。但是他連見面的機會都不給，直接選擇跳過，被否定的感覺眞的不好受。

於是我開始自我否定，覺得一定是自己的外在條件不夠好，比不上生而華麗的空姐。在他眼裡，我可能就像幼稚園的孩子，有著幼幼班的身高，連飛機上的置物櫃都要死命踮腳才勾得到。

不過生性樂觀的我，一小時不到，頭頂的烏雲早就全部散開。這幾年，我壓根忘了有這個人的存在，也忘了那段被打槍的經驗。

直到朋友在 Facebook 發文，內容是他覺得很悶，因爲同樣身爲處女男，宋仲基辜負宋慧喬的新聞，讓他飽受罵名。我在下面留言：「處女男爛死了。」結果，那個機師竟然在我留言後頭，表示贊同。

我回他：「樓上的，我記得你喔！我是你當年不想認識的那個女生。」

他選擇裝傻：「呃，哪有這回事，我怎麼不知道，一定是誤會。」

我馬上跟朋友說，我又想起了這段往事。朋友說：「我眞的只能說，他是高手中的高高手。」

先不管那個機師，我倒是發現，我的心境起了很大的改變。當年覺得高攀的對象，現在根本看不上眼。因爲我的目標明確，射靶紅心處只有孔劉。就算孔劉不會開飛機，但是他的美好無人可及。

這幾年因爲看多了男人的醜陋面，對於那次被直接 Skip 的經歷，有了不同感受。我眞心謝謝他，當年的看不上之恩。

很多男人的看似美好，都只是因爲他的「職業頭銜」。拿掉那個光環後，妳會發現，他不過也只是馬戲團的小丑。

他當初打槍我的原因，我想應該不出以下四種：

空姐都玩不完了，我才不要跟妳玩。

　　妳這個身高不到一百六十公分的矮冬瓜，我才不要跟妳玩。

　　妳這個幾年後就要四十歲的大嬸，我才不要跟妳玩。

　　跟妳玩我好友會知道我很渣。我才不要跟妳玩。

　　他到底怎麼想，其實也不重要，比較重要的是我現在怎麼想。

　　跟這種男人瞎攪和要幹嘛，成天提心吊膽的，日子還要不要過下去。

　　他開飛機時，要擔心他會不會墜機；他落地時，要擔心他會不會隨便找個空姐去開房間。不是擔心他會死，就是擔心他亂搞，搞到最後，希望他活也不是，死也不是，但是他卻可以讓我每天要死不活。

　　既然這樣，當初他看不上我，怎麼看都是福報一件。

　　如果妳也有過相同的經驗，不要傷心，也不要自我否定，反而要在心中充滿感謝：「謝謝您的看不上之恩。」

　　條件好的單身男人，真的不表示他是個好人，就算他是菁英，還是有可能是個渣。

遇上渣男，女神也跌落神壇

二〇一九年聖誕節當天，四十四歲的歌壇文青女神，占據了各大新聞版面。

「陳綺貞忠孝東路上『勾脖喇舌新歡』，眼鏡男前後擺動，手直接伸進大衣」、「文青女神變小三？陳綺貞深夜激吻已婚男」、「陳綺貞女神變小三！正宮怒喊妨害家庭告到底」、「陳綺貞意外變小三！新歡瞞她『已婚有小孩』」……每一個新聞標題搭配一張張圖文相符的親熱照片，讓人看得目瞪口呆。

新聞之所以震撼，是因為事件本身太衝突。原來，女神不食人間煙火的空靈氣質只是假象，愛到忘我，也會在路邊激吻；原來，女神愛上的不是男神，而是一個髮線很高、長相抱歉、穿著土氣的阿伯，重點是，這個阿伯還已婚，有兩個小孩。

阿伯很快被起底肉搜，原來是某大銀行信用卡部的襄理，正好是我研究所同學的同部門同事。

「銀行襄理」和「歌壇文青女神」之間，理應毫無交集，他們到底怎麼搭上線的？女神為什麼會愛上這個土伯？如果女神知道，她男友任職的那間銀行，總行全體員工每天都跟小學生一樣集體做早操，會不會崩潰？

外界開始猜測，女神到底知不知道阿伯已婚，因為這一步未免錯得太離譜。

因為我也曾遇上其貌不揚，條件不好的已婚騙子，所以我傾向相信，女神不是故意介入別人家庭，她只是一時犯了傻，又暫時把自己戳瞎，才陷入危機。

不然一個男人，要錢沒錢、要長相沒長相、要地位沒地位、要頭髮沒頭髮，憑什麼讓女神願意為了他鋌而走險。

陳綺貞慘遭已婚禿頭阿伯欺騙的霉運，對於大齡單身的我們來說很警示，就像一記當頭棒喝，讓我們醒腦又開眼。

碰上渣男已經很幹了，碰上已婚的渣男更是幹上加幹。

難道說，已婚渣男個個都有三頭六臂，或是個個都修煉得如火純青，才會有那麼多無辜女子受騙上當，莫名其妙成了介入別人婚姻的第三者？

其實已婚渣男的破綻很多，要怎麼讓已婚渣男現形，其實沒那麼困難。

精準問問題：

不知道是不是受到父權體制的影響，還是女性自發的自我約束，很多女生在進入一段關係的初期或是關係開始之前，都不太敢問問題。擔心問多了，顯得自己生性多疑，所以養成了把話吞回去的壞習慣。碰到不合理的地方，不是選擇視而不見，就是找理由合理化。

這樣的下場通常都如出一轍，一失足成千古恨，情史上再添一坨屎。

請不要害怕問問題，讓偵探魂上身，展開嚴格的身家調查，任何疑點都要打破沙鍋問到底，一層層追下去。

如果一個男人連被問問題的抗壓性都沒有，肯定有鬼，注定賊星該敗。妳有什麼好怕的，速戰速決才是福大命大。

不要只問「你有沒有女友？」，「你有沒有老婆？」也要一起問。否則遇上了已婚男，妳只問他：「有沒有女朋友？」他回答沒有，東窗事發後，他可以強辯自己沒有騙妳，妳只能怪自己問錯問題。

「你結婚了嗎？」、「你結過婚嗎？」、「你離婚了嗎？」、「你為什麼離婚？」、「你有小孩嗎？」這一系列的問題也要一整套問過一遍。雖然對方可能早已練就說謊不臉紅的功力，還是有機會露出破綻。

人性本惡論：

遇上來路不明的人，先主張「人性本惡」，可以替自己避開很多危險和麻煩。

看起來忠厚老實的對象，更要處處提防，因為許多貌似忠良者，往往最無良。他們把自己的壞心眼，裝進看似無害的外表裡。當妳開始察覺怎麼外表和內裝不符，一切已經來不及。

「銀行襄理」這個職業，容易讓人聯想「是個好人」，反正就是有種說不出來的安全感，既然是個好人，就不需要太提防。但是這樣的歸因太危險，看起來越安全的東西，越可能暗藏危險；看起來最無害的男人，最後都成了後患。

沒有什麼「好男人的職業」或是「絕對安全的職業」，外遇高風險的職業裡，還是會有好男人；外遇低風險的職業裡，還是會有壞男人。好壞與職業無關，跟人品有關。

在這個渣男過剩的世道裡，先把身邊突然冒出來的男人當成壞男人來提防，暫時忘記「人之初，性本善」那套說法，就能降低渣男纏身的風險。

眼見為憑：

我們不說謊，不代表別人就不會說謊。如果要分辨一個男人是不是已婚的騙子，任何事情就不能對方說了算，一定要請對方拿出具體的「人證」、「物證」。

說得天花亂墜，不如眼見為憑。

當一個人有心要騙人，名字、年齡、身分、職業、學歷、婚姻狀況、經濟狀況……通通可以造假。所以請對方出示「證人」，有絕對必要。「證人」範圍包括：家人、朋友、同事、同學。如果雙方交往了幾個月，他身邊的人妳半個也沒見過，那麼肯定有鬼，表示妳見不得人，他也藏有不可告人的祕密。

當一個人不斷告訴妳，他有好車、有好房，還有一份高薪的工作，只要妳沒看到半個影，就不要相信，因為不要臉的騙子真的比妳想像中的還要多更多。

可是，就算搜集到了「人證」、「物證」，也不能保證對方沒有「做偽

證」。我碰過的騙子，就找了臨時演員來假扮他的家人、員工、朋友，也費心自製了一些在某大跨國企業上班的假證據。只能說：「人不要臉，天誅地滅。」身為女性，只能更小心謹慎、處處提防。

渣男的妻子後來跳出來控訴，丈夫和女神是因為相機交易認識。女神是她的偶像，自己的丈夫和自己的偶像搞不倫，叫人情何以堪。

其實整件事早該在相機一手交錢一手交貨的當下，就該結案，這個已婚禿頭阿伯，肯定不是陳綺貞的理想型。

女神如果不是太想結婚，就是不想結婚，才會跟那個男人在一起。她和那個渣男之間，外表不搭、氣場不合，頻率不對、水準不同，把兩個人放在一起，怎麼看都非常不倫不類。

他到底有什麼過人之處，讓女神淪陷？或許正因為他夠平庸，女神才不疑有他。如果他以男神姿態降臨，女神反而會小心求證他的來歷。

女神可能抱持著「神愛世人」的精神，也可能女神想要下凡體會凡人的生活，才會陰溝裡翻船。陳綺貞誤上賊船的事件，值得事業有成的單身大齡女子引以為鑑。不要因為妳已經什麼都不缺，就找個妳原本看不上的人，來拉低妳的生活水平。

「戀愛」或「結婚」都有「稀有性」甚至「排他性」，理想型的條件絕對不能棄守。

兩個人要走在一起，彼此是不是位在同一個水平面，或是屬於同一個象限，真的很重要。跨象限的來往，一開始或許感覺新鮮，接下來，危機和衝突會開始排山倒海而來。

或許大魚大肉吃久吃膩了，這回想改吃一下清粥小菜，但是妳的嘴和胃，很難吃出清粥小菜的酸臭和腐壞，等到發現有異時，早已食物中毒。

女神這回被騙，不但沒錢拿，可能還要賠一筆錢給元配，甚至丟了名譽，只能說最倒楣，沒有更倒楣了。女神一旦摔落神壇，想再爬上去，根本天方夜譚。

所以，千萬不要棄守自己的理想型。如果放低標準，卻發現被騙，真的會想一頭撞死。不然去問問陳綺貞姐姐，如果重來一次，她比較想被每天上班做早操的禿頭已婚阿伯騙，還是想被又會做詞作曲，還很會唱歌的臺灣男神「五月天阿信」騙？正常人都會選擇後者好嗎。

嘴賤是種病，賤起來要人命

二〇一九年八月十六日，我在網路上看到一則讓人驚嚇的新聞，標題是：「都這麼胖了還吃冰淇淋」女友狂刺四刀讓男友這輩子閉嘴。

【新聞提要】

中國河南日前發生兇殺命案，一名張姓男子和交往二十多天的女友一起逛街，因為天氣炎熱，女友對張男表示她想吃冰淇淋，結果卻遭到張男嘲笑：「妳都這麼胖了還吃冰淇淋。」

女友疑似受不了張男的言語調侃，抓狂衝去雜貨店買了一把剪刀，對著張男胸口猛刺四刀，當場血濺四起。因中刀位置太靠近心臟，張男經急救後宣告不治。

兇案現場照片的後方，掛了一條長長的標語，上頭寫著：「加強道德修養，提高文明素質」，對照畫面中女友持刀俯視倒地不起的張男，有一種說不出來的諷刺。

我不是沒有悲憫之心的人，但是看到這則新聞的當下，馬上覺得事出必有因。

在過去或現在的關係裡，妳有沒有遭遇過「言語霸凌」？

我先定義我所認定的「言語霸凌」，所謂的「言語霸凌」，就是一個人以言語或文字做為武器，不管是嘲笑、威脅、恐嚇、謾罵、貶抑，甚至只是開玩笑而已，只要說話者讓接收方心理受到傷害，就已經構成霸凌。

重點不是說話的口氣，而是到底說了什麼鬼東西，開玩笑開得過分了也足以構成霸凌。

我有一任前男友，講話特別沒修養，喜歡把無聊當有趣，偏偏他的有

趣，通通建立在別人的痛苦上。不巧的是，那個別人永遠都是我。

他喜歡評論我的長相、批評我臉大、嫌棄我個子矮、笑我長得沒他好看、還說我年紀大、穿衣服老氣。就連我走路的樣子或是說話的嘴型，通通不合他意。

第一次我忍，第二次我臉沉，第三次我炸開了。面對我的發怒，他從來就不會自我檢討，反而反過來責備我脾氣不好。搞得好像我外表不好就算了，個性也該檢討。

於是我開始自暴自棄，認為自己根本一無是處，也覺得他跟我在一起眞的委屈了，心裡對他滿是歉意。

所以我學會低聲下氣，忍氣吞聲，可是委屈累積到一定程度還是會爆炸，爆炸後我又開始檢討自己怎麼這麼容易生氣，就這樣一直無限循環。

後來發現，我當時的思考路徑根本就大錯特錯，錯的是他，爲什麼我要檢討？

要講難聽話誰不會講，只是要不要講而已，過去不對他講是因爲我尊重那段關係，而不是覺得他有多完美。若我眞的要以其人之道，還治其人之身，那麼他全身上下、裡裡外外，我絕對可以找到無數個地方重磅攻擊。

對他來說，他認爲那些玩笑無傷大雅，但是聽在我耳裡不只笑不出來，還會因此受到傷害。言語霸凌不比肢體霸凌輕微，看不見的傷害往往修復期更漫長。

如果妳的另一半嘴巴也很賤，沒事就會烏鴉附身，一開口就變成烏鴉嘴，那麼請把這篇文章給他看，讓他知道：「如果找不到話講，乖乖閉嘴不行嗎？亂講話比不講話還要更可惡。」

當然人命很重要，殺人就是不對，但是吃冰淇淋又怎樣？講話那麼難聽，嘴巴那麼臭，是吃屎了是不是？

飄洋過海來騙妳

妳看過眞人版的雞嗎？我看過。

妳碰過男人叫雞嗎？我碰過。

寫這篇之前，我特地查了一下，爲什麼男人「外叫小姐」稱做叫雞？

原來是因爲國語「召妓」的發音與廣東話的「叫雞」雷同，於是取了諧音，避免太過直接指涉那種不正當的行爲。

那是六年多前發生的事情。

當時我剛動完一個小手術，在家休養。朋友 A 打電話問我有沒有空，她老公想介紹一個條件很好的新加坡男生給我。

那男生是她老公美國南加州大學的同學，正好從新加坡來臺灣出差，感情空窗了一陣子。他覺得新加坡女生都太勢利，希望可以找個單純一點，也想步入婚姻的女生，好好認眞交往。

A 說那個男生很挑，他們第一時間馬上想到我。給他看了幾張我的照片之後，他拜託朋友夫婦幫他介紹。

他叫 Marc，我和 A 通話時，他正好在旁邊，A 把電話遞給了 Marc，讓我們彼此打個招呼。

透過電話，我們簡單的自我介紹，都是成熟的大人了，兩個人都表現得落落大方。

因爲新加坡沒有用 LINE 的習慣，他們習慣用 WhatsApp，所以我們交換了手機號碼，把對方新增到自己 WhatsApp 聯絡名單上。

當他給我他新加坡的手機號碼時，我愣了一下，告訴他：「你的電話末四碼是 1025，那是我的生日。」沒想到他竟然對我說：「妳 1025 生日？我也是耶，我的號碼是我特地選的。」

一個天大的巧合，讓兩個原本陌生的人，距離瞬間被拉近。

　　電話中約好了，隔天中午和朋友夫婦一起吃晚餐。沒想到，朋友夫婦當天臨時找藉口爽約，就這樣，最後剩下我們兩人赴約。

　　他是一個有品味的男生，看得出來平時勤於健身。皮膚黝黑、身材高壯，雖然不是我的菜，但是五官算好看，有點神似蘇志燮。全身上下通通都是精品，左手腕戴的 Panerai，價值數十萬，不愧是從事家族石油事業的貴公子。

　　對於他，我沒有一點怦然心動的感覺，不過相處時都算愉快自在。他也算是體貼細膩的男生，擔心我剛開完刀，身體可能容易不適，隨時都會關心我好不好。

　　我跟他的經濟水平線很不同，他的花錢方式讓我很有壓力。我不喜歡占男生便宜，可是他帶我去超級高檔的餐廳用餐，一頓飯下來，就花了上萬元。結帳時他堅持不讓我出一半，我也順勢心一橫，努力讓自己罪惡感少一些，告訴自己：「沒關係，反正他很有錢，就讓他請吧。」

　　他持續試探我到異國生活的意願，他很直接告訴我，希望我可以到新加坡，我也很明白告訴他，因為我弟弟已經定居美國了，我想留在臺灣離爸媽近一點；更何況我去新加坡能幹嘛？既找不到工作，我也不會做家事。

　　他說，只要我人過去就好，不用上班，他會請傭人給我，我只要負責陪他就好。

　　當下覺得他開出來的條件，一點都不吸引人，因為會把我從萬能的女神，變成無能的廢人。我的信念是，就算嫁給孔劉，我還是要經濟自主，認真工作。

　　不過，當他對我說：「兩個人可以同一天生日真的很難得，如果刻意選在這一天結婚，之後一年裡的所有重大節日，都可以同步落在同一天。」聽到那些話，我覺得無敵浪漫。

　　他問了我，有沒有什麼想要的精品，包包、手錶、衣服之類的都可以，他想送一樣禮物給我，當做我們認識的紀念物。而我拒絕了他的善意。

　　用餐完之後，我帶他去夜市走走，最後把他送回飯店。在五星級飯店的

門口，他竟然開口問我：「妳要留下來過夜嗎？」

第一時間我以為我聽錯了，回過神後，笑笑對他說：「現在才十一點而已，捷運還沒有停駛喔，而且我家很近，搭個車二十分鐘就到了。」

接下來幾天，我們持續碰面。因為連續吃了他好幾晚上萬元的大餐，心裡覺得非常過意不去，但是要我拿身體來償還根本不可能，所以我利用某天下午，跑去淡水幫他買鐵蛋，因為他說過，他想帶回新加坡，送給員工當伴手禮。

那天他有公務應酬，買到鐵蛋後，我直接拿去他住的飯店，麻煩櫃檯轉交。飯店櫃檯人員建議我拿去飯店正門入口處的小服務臺，這樣房客回來，可以第一時間轉交。

就在我準備轉身時，好巧不巧，看到 Marc 滿臉通紅晃回飯店。

有點醉的他，手上牽了一個全身黑的女生。那件低胸的絲質洋裝，讓她的兩顆北半球彈了出來。她的頭髮很黑、洋裝很黑、高跟鞋也黑、CHANEL 鏈條包也黑，剛好她也是做黑的。

我開口叫了他，他看到我的那瞬間，酒醒了一半。

他瞬間用力甩掉那個女生的手，把她推向他前方的男生，就像接棒一樣，換成另外一個男生牽著她。

我跟他說：「謝謝你這幾天請我吃飯，我幫你買了鐵蛋，放在櫃檯那裡，記得去拿喔。」然後跟他揮手再見。

一踏出飯店，我竟然有點興奮，覺得剛才撞見的畫面實在太不可思議。

他前幾天才跟我說過，他很多朋友來臺灣出差時都會叫雞來吃，也大方承認前幾年他也會，現在已經改邪歸正。

如果說，他後來已經戒掉吃雞的習慣，那我剛剛看到的不是行走的雞是什麼？

我立刻打電話給 A，告訴她我竟然看到 Marc 帶雞回飯店。A 說：「什麼？他說他現在都不會了啊，怎麼壞習慣還在？我叫我老公打電話去了解一下，是不是有什麼誤會？」

　　三小時後，A 先打了電話給我，告訴我她老公已經把 Marc 罵了一頓，等等他本人會親自跟我解釋怎麼一回事。

　　後來，Marc 出現了，他用訊息告訴我，他真的是情非得已。這趟來臺灣出差，他表哥帶了小三一起過來，表哥怕他回去跟表嫂告密，所以送了一隻雞給他當宵夜，想要徹底堵住他的嘴。

　　我告訴他，真的不需要跟我解釋，我們什麼關係也不是，而且他是成熟的大人了，可以自己決定生活的方式。

　　對我來說，他又不是我的誰，他的鳥有絕對的自由度，想往哪裡飛就往哪裡飛。只是如果他的鳥隨時需要找個暫時的窩來溫存一下，真的不需要刻意向我強調他的鳥現在是多麼安分守己。

　　人家要送他一隻雞，他可以選擇不要吃，為什麼講得好像百般委屈，他也是萬般不得已只能含淚吞下。而且距離事發當時整整三小時後他才出現，我看不只整隻雞都吃完了，整碗雞湯應該也乾杯了，最後連雞骨頭都不剩。

　　隔天他還是持續關心我醫院回診的狀態，也試圖和我保持聯繫。之後他又來臺灣出差了幾次，每次都會問我要不要碰面，我都拒絕了。雖然他長得不差、也非常有錢、生日還跟我同一天，但是那些都沒辦法蓋過他愛吃雞的瑕疵。

　　在他身上，印證了「一日吃雞，終身吃雞」，想到他的臉，我就會通靈感應到他身後有好多隻雞的鬼魂在游盪。

　　回想起那天晚上，他試圖把我留下來過夜，當時的他應該滿腦子淫念，覺得眼前這女生雖然沒有酒店小姐美味，但是既然是免費的，就不要太苛求，反正也可以食用。當時只要我答應了，他就可以省下一次叫雞的錢。

　　真的要感謝媽媽把我教得好，讓我懂得潔身自愛，才沒讓自己淪為別人口中咀嚼的雞。

　　大前年夏天，我又再次搜集到一個男人飄洋過海，試圖來臺灣偷吃的個案，這一次，是來自馬來西亞的饕客。

　　那天晚上，我和高中同學約了吃飯。那間餐廳的座位採吧檯設計，緊鄰

我們而坐的，是兩名商務人士。他們主動和我們攀談，告訴我們他們是馬來西亞人，這次到臺灣出差，會停留個幾天。

想想實在有些奇怪，如果今天來搭訕的是臺灣男生，我們肯定會覺得他們不懷好意，所以選擇假性失聰又失語；但是當對象轉換成外國人，我們就會主動幫他們的行為找理由。心想，他們只是單純表達友善，而且人在異地，人生地不熟的，所以基本上都會禮貌性地善意回應。

其中一個男人，一直把眼神停在我身上，也試圖和我說更多話。因為他的表現有點太過度，所以我起了戒心。

離開餐廳後，我們雙方人馬竟然又在捷運站附近相遇，他拿出了他的手機，希望我可以給他我的 LINE 帳號，基於禮貌，我和他交換了帳號，才知道他叫 Ken。同一時間，高中同學也大方跟他的同伴交換了聯絡方式。

那天晚上，他開始熱切地傳訊息給我，「妳知不知道妳真的很可愛又很迷人」、「妳怎麼可能沒有男朋友」、「好可惜妳只喜歡韓國男人，馬來西亞人沒希望了對不對」、「我好希望可以有機會更進一步認識妳」。

我其實很討厭男人那樣對我說話，會讓我渾身不舒服，我覺得他好像一頭發情的低等動物，急著想找人進行交配。

隔天晚上，我有個飯局。當中他不停傳訊息給我，問我在哪裡。他說後天他就回去了，希望可以和我碰面聊聊，接著就衝過來等我。

當時我和最好的朋友在一起，心想待會兒可以一起赴約，應該沒什麼問題。可是好友最後因為時間有點晚了，必須趕回家陪孩子睡覺，就拋下我離開。

晚上九點多，很多餐廳都打烊了。他試圖找間酒吧帶我去喝酒。從他急著要帶我去喝酒的態度，我覺得他好像在打什麼歪主意。我態度堅定地告訴他，我不喝酒，如果他要喝酒，那我就先回家休息了。

我說：「不如去喝茶吧。」看得出來他非常錯愕，而且很不情願，還是必須保持紳士風度。於是我攔了計程車，把他帶去人潮眾多的東區茶街。

我們面對面而坐，這才把他的五官看個仔細，之前環境太昏暗。他長得

人模人樣，是個白淨斯文的中年男子，但是我受不了他有點娘的氣息，而且小指頭的指甲還特別長，可能平時都拿來掏耳朵或挖鼻屎。

當下我好想回家，我根本不知道要跟他聊什麼才好，只覺得眼前這個人的氣場讓我很不舒服。

當時我正好處於「單人婚紗」事業的籌備階段，突然靈機一動，心想搞不好也可以把新加坡及馬來西亞都納入我的事業版圖，所以問了他：「馬來西亞人比較常用的社群媒體是什麼？」他回答我 Facebook。

我順口問了一句：「喔，那你有 Facebook 帳號嗎？」他臉上瞬間閃過一絲慌張，很快地告訴我他沒有用 Facebook，我馬上察覺不對勁。

正當我坐立難安的時候，一通電話救了我。他的手機響了，他要我等他一下接起電話後，他就往紅茶店裡頭的廁所走去，這一進去，就沒見他再出來。

大約等了十五分鐘，我望著他放在桌上，那個厚厚鼓鼓的皮夾發呆，好想快點離開現場。

可是我擔心，要是我跑掉後，他的錢包被偷怎麼辦？他會不會去警察局報案說是我幹的？後來心想，管他去死，錢包被偷活該。於是我拿起我的包包，用跑百米的速度，像逃難一樣衝出那間紅茶店。

我頭也不回的一直跑，直到衝進了捷運的閘門，才感覺危機解除。

同一時間，他傳了訊息給我，他說他的工作臨時出了狀況，需要緊急處理，他請我再等他一下下。我告訴他，我已經離開了，請他慢慢講沒關係。

最後我丟下了一句「好好和你老婆報平安吧」，接著就把他封鎖。

後來得知，當晚，Ken 的同伴也約了我的高中同學去喝酒，原來那兩個馬來西亞男都不是什麼善類。不過 Ken 的同事還是比他高尚，至少敢坦承已婚的身分，也告訴我同學 Ken 也是人夫。我只能說，我的第六感真的準到不行。

就這樣，我先後見證了新加坡男人和馬來西亞男人的荒唐行徑，說真的我很憤怒，他們把壞男人的劣根性表露無遺。

一離開自己的國家，就想找樂子，他們到底把臺灣當什麼地方了，又把臺灣女生看成什麼了。他們不尊重自己的身體就算了，怎麼可以試圖設局想要占別人身體的便宜？

女孩千萬別犯傻，以為自己正走桃花運，碰上了豔遇。妳所期待的豔遇，只是男人的外遇而已。

不管如何，身體永遠不能棄守，不要因為對方散發出來的異國情調，就傻傻獻身，等到對方回國後，日日夜夜還在期待「何日君在來」。

不用等了，他們永遠不會再來，返國後從此消失在茫茫人海裡；就算再來，也只是把妳當成回收雞，免費再吞一次。他們要的只是一夜情，不用奢望和他們發展出穩定的關係。

未婚的 Marc，是已婚 Ken 的前身；未來的 Marc，會是現在的 Ken。

我非常慶幸自己潔身自愛，懂得保護自己的身體，才沒有讓自己淪為別人用完即丟的玩具。

我下了一個很肯定的結論：朋友介紹的要小心、來路不明的要小心、說自己沒有社群帳號的更要小心。

天上掉下來，通常不是妳期待已久的禮物，有非常大的機率是鳥屎。

親愛的孔劉：我知道你的酒量非常好，但是平時的我幾乎滴酒不沾。不過請放心，如果你要找我喝酒，說什麼我都會大口牛飲。

渣男不除根，
春風吹又生

仇男無罪，自保有理

凱薩琳・孔：「仇男症，是對抗仇女症的正當防衛。」

一位我很欣賞的前輩，專打離婚官司的知名男律師，曾經語重心長對我說：「我覺得妳有『仇男症』，這樣不太好，妳會不快樂，以後也不容易找到伴侶。」

如果是以前的我，一定馬上開始自我檢討：「我真的有仇男症嗎？」、「我是不是哪裡出了問題，律師才這樣跟我說？」、「我想我可能太激進了，或許我該收斂一下我的思想和言論。」、「我錯了，對於身邊所有的男性，我應該用『愛與包容』來擁抱他們。」

現在的我卻覺得，為什麼我不能順心走，自由行使我的「喜歡權」和「討厭權」？如果說，堅持不給臺灣男人機會，或是堅持不跟臺灣男人交往，就是「仇男症」的表現，那麼比丘尼又該怎麼論？

更重要的是，別人不是我，哪裡知道我堅持和臺灣男人保持距離，帶給我的究竟是痛苦還是喜樂。

自從我下定決心和臺灣男人保持距離的那一刻起，持續單身了好多年。這幾年的日子裡，我的快樂指數不斷飆漲，而且持續漲停，後勢更是看漲。既然這樣，為什麼要阻止我的「仇男症」繼續發病下去？說真的，我一點都不想被治癒。

「仇男症」到底該如何定義？目前它還不是顯學，發病者不多，維基百科也找不到任何相關說明，倒是「厭女症」有收錄：

厭女症（英語：Misogyny），也稱女性貶抑，指的是針對女性的憎恨、厭惡及偏見。厭女症可以通過多種方式表現出來，包括社會排斥、性別歧視、敵意女性、男性中心主義、父權制、男性特權、貶低女性、對女性的暴

力行為以及把女性性對象化。古代很多傳說以及很多宗教中偶爾可以找到厭女症，並且被不少西方具有影響力的哲學家和思想家認為有厭女症。

維基百科對於「厭女症」的說明，讓我豁然開朗，原來我的「仇男症」，就是一種對於「厭女症」的反動；而我「仇男症」的發病起源，就是見識過臺灣眾多渣男的累積。

臺灣當前社會，存在一種弔詭的現象：許多女性的社會成就，早已凌駕男性之上，男性為了捍衛父權優勢不死，搬出早已不合時宜的規範來公審女性。「女生就該有女生的樣子」，是他們理直氣壯的核心價值。但，女性該有的樣子，到底是什麼樣子？

在那些腦袋有洞的男人心裡，一個「正常的女人」性格上應該溫良恭儉讓，面對男人的無理或失禮，都要忍氣吞聲、照單全收。為了讓男人有面子，外在條件不只要維持面貌姣好，還要「腰束、奶膨、卡撐硬扣扣」。

不管在公領域或私領域，都要記得把主舞臺留給男人。時間到了，就該準時結婚，結了婚就要馬上準備生小孩，如果第一個孩子是女兒，就必須快點讓自己的肚子再次大起來，非得生個兒子才能停下來。

只要能完全符合上述期待，妳就是好女人，但是妳不值得被讚揚，因為做到那些，只是理所當然；要是與期待不符，妳就是壞女人，活該被撻伐，仇視妳也只是剛好而已。

我的某任臺積電前男友，就曾經恐嚇我：「我不要女兒，只要兒子，結婚後，妳一定要給我生個兒子出來，女兒我不要。」我：「孩子的性別，是由爸爸決定的。」他竟然大言不慚地說：「我絕對有辦法控制是男是女，所以如果生出來是女兒，那就是妳的問題。」

我非常慶幸最後沒有嫁給這個人，我連跟他發生關係的慾望都沒有了，還談什麼生孩子，而且還要生出他指定性別的孩子。要是生出來的兒子跟他一樣沙豬，等於我又搞了一個小沙豬出來，根本在造孽。

二○一八年及二○二○年的兩次大選，檯面上幾位男性政治人物的失言

亂象，也是令人瞠目結舌：

> 吳敦義：「那個查某人真夭壽，我不要說是誰，肥滋滋那個，走路起來像大母豬。」
>
> 吳敦義：「蔡英文這個『衰尾查某』，像這麼『衰』的人做總統，要讓她下臺啦！」
>
> 柯文哲：「陳菊是比較肥的韓國瑜。」
>
> 張善政：「我們不好意思說蔡英文沒有結婚，沒有結婚不是罪過，但是她因為沒有生過小孩，她就不知道那個心。」

原來女性政治人物的長相，只要不符合大眾認定的美，哪怕她政績有多好，或是過去為了臺灣的民主自由做了多少努力，一句「肥滋滋的大母豬」就足以抹煞她的價值；原來穿裙子的人不能當總統，未婚沒生過小孩的女人，也沒有資格治理國家，因為她沒有下一代，沒資格談下一代。

生為女人的我們，怎麼能不憤怒，怎麼能不反抗？更別提那雙「又白又漂亮的小腿」，二○二○年的總統落選人韓國瑜，在選前一場造勢活動自爆，國二時因為都在看前面女同學的小腿，成績一落千丈，國三時從最好的升學班掉到放牛班。

我的老天爺啊，他到底知不知道他在胡言亂語什麼東西，女同學的小腿何其無辜，竟然成了禍害。不會念書有什麼關係，讀書又不是人生唯一正途，幹嘛要拖女同學的小腿下水，成為他成績不好的代罪羔羊。如果他有心要檢討，應該自省自己的腦袋不好，還患有「戀腿癖」急需治療。

終於，我的「仇男症」輪廓慢慢清晰，與其說我「仇男」，不如說我「仇視渣男」。

「仇女症患者」，要求女性正常地存在，可是他們認定的正常，往往非常不正常；他們認定的不正常，其實才算正常。「仇男症患者」就不同了，我們只是看不慣男性的不正常。

男人的厭女，是把人分成男人和女人，男人就是高女人一等；女人的厭男，是認爲人只有一種，沒有高下之別，男女應該平等。

發現了嗎？「仇男」就是比「仇女」來得合理也高尚。說白了，男性厭女的展現，只是爲了掩飾自卑和恐懼。只要女人害怕被男人集體討厭，女人就不會搞怪，也不會學壞，世界就會繼續以父權體制爲中心。

「仇男症」就是要用病毒去侵襲那些早已不合時宜的規範，對於不成材、不長進、又不懂得尊重女性的男人，用力討厭、狠狠遠離，然後冷眼看著他們衰敗。

女人態度上的有稜有角，是自保的武器，不主動傷人，但是可以保護自己不被傷害。只要遇上值得的人，那些銳利會自動變得柔和。

另一位一樣有名、有地位的家事女律師，對於我的「仇男症」就能完全理解。果然還是女人了解女人，女人才能感同身受女人所遭受的不正當待遇。說眞的，要是男人夠好，我們討厭他們要做什麼，又不是吃飽太閒沒事幹。

我討厭渣男，但是我熱愛男神。只要碰上孔劉，就像找到了仙丹一樣，我的「仇男症」馬上藥到病除。就跟臺灣很多「農婦」一樣，遇上了吳怡農，什麼病都自動痊癒了。

從前的渣男們，你們遭天譴了嗎？

用黃鼠狼給雞拜年的心態，光明正大偷窺渣男前任現在有多淒涼，不只痛快，還很爽。

去年我看到一則影劇新聞，標題是：「離婚一個月半！宋慧喬私下看宋仲基照片」，報導內容說，宋慧喬偷偷瀏覽與宋仲基相關的 Instagram 限時動態，網友發現後，都心疼宋慧喬怎麼這麼痴情想不開。

會那樣想的人，未免也把天蠍座的宋慧喬想得軟弱。從她最近出席活動的照片可以明顯看出，她的氣色越來越好，完全一掃陰霾，怎麼會論斷她還惦記著前夫，沒辦法澈底放下？

老實說，同樣是天蠍座的我，閒來沒事的時候，也會以「黃鼠狼給雞拜年」的心態，偷窺渣男前任們的近況，只是我沒事的時間真的很少就是了。

看得到的我就看，之前被我封鎖帳號的，或是封鎖我帳號的，我就用分身帳號光明正大偷看。

瀏覽的動機才不是關心他們過得好不好，更不是什麼餘情未了。我沒有那麼好心，也沒有那麼念舊，更沒有那麼犯賤。我真的只是單純想知道，為什麼他們都還通通活著沒有死，他們根本就是走一種禍害遺千年的路線，天打雷劈究竟什麼時候才會輪到他們？

有人會說：「選擇放下仇恨，原諒傷害妳的人，才能擁有新的人生。」我認為有那種想法的人，根本就好鄉愿，只想維持一種表面和平的世界大同。

為什麼我們要去祝福一個曾經深深傷害我們的人？情緒不到那裡，就不要強逼自己。

一句很紅的話，我非常喜歡：「妳是忘記了，還是害怕想起來？」

多看多聽渣男前任的近況，反而有益心靈健康，因為那會讓妳「不會忘

記，也不害怕想起來」，結果反而更勇敢了起來。

　　如果他現在過得很好，就砥礪自己，一定要過得比他好才行；如果他現在過得很不好，不就剛剛好，可以準備開香檳慶祝了。

　　當妳不再害怕想起，當初他對妳到底有多壞，妳就不會忘記，下一次說什麼都要善待自己，遠離壞東西。

　　愛與恨本來就是一體兩面，當感受不再刻意被壓抑，就可以放膽去恨，也能再次勇敢去愛。

想復仇就復仇，請把偶包放下

某知名心理醫生之前的一篇「逆風發文」，暗指中國網紅周揚青透過網路控訴羅志祥的種種渣男行徑，是恐怖情人的表現，引起許多人反彈。

我也完全不能接受那位女性心理醫生的言論，為什麼女性選擇復仇，就是不成熟的行為？就該被扣上恐怖情人的帽子？羅志祥錯得那麼離譜，當然要踢爆，就算出發點是毀滅式的報仇又怎樣，為什麼要假裝自己是觀世音菩薩一樣大肚大量？

我就是欣賞周揚青的這種「女性覺醒」，而且我認為中國姑娘的冷靜和勇氣，臺灣女生應該好好學習。

我們總是被教育著，感情裡就算被傷害了或是被欺騙了，也要噤聲不語，不然別人會對我們有負面觀感，覺得我們不只愚蠢談了不該談的感情，會復仇的性格也會讓好男人退避三舍，最終的結果就是嫁不出去。

我才不信「冤冤相報何時了」那一套，「有仇報仇，有恩報恩」才符合人性，也不會讓自己悶出病。

有些人會搬出「因果論」，勸人放下仇恨。說什麼他這輩子之所以這樣對妳，是因為上輩子妳對不起他；不然就是說，這輩子他幹了那麼多壞事，下輩子一定會得到報應，不要急於一時讓他死。

這我就不懂了，為什麼就不能在這一世完成一報還一報，這輩子遇到他已經夠倒楣了，為什麼前帳要等到下輩子再算清楚？

看看人家中國女生，分手信寫得鏗鏘有力，而且脈絡清晰，字字一刀斃命。而我們過去面對男友劈腿，我們又做了什麼事情？不是哭哭啼啼求人家回頭，搞到人家以為我們是蕭查某；就是在自己的 Facebook 或是 Instagram 上，以圖配文的方式，讓大家知道自己有多委屈，也希望那個男人看到自己這麼難過，會突然良心歸位，選擇回到我們身邊；就算展開報復，也完全沒

有戰略可言，一邊情緒失控一邊撿拾小碎石朝他攻擊，不明就裡的人還會安慰那個渣男：「那個女人眞的好可怕，難怪你會愛上別人。」

爽都渣男和賤女在爽，苦都好女人在苦，哪有這種事情，這人世間還有沒有眞理？周揚青的復仇，也是我會幹的事情。

很多男人覺得會復仇的女性好可怕，既然會怕，那你不要幹壞事不就得了。一個行得正、坐得端的好男人，根本沒有「被復仇」的恐懼。

遇到渣男沒關係，不需要埋怨自己八字不好，短的話，妳只是流年不好，長的話，只是大運不好，絕對不是命不好。我的人生從十八歲一路到三十七歲，都是滿滿的渣男大平臺，三十八歲以後才終於風平浪靜。我對於未來還是充滿希望，因爲我的人生還有剩下來的四五十年。

周揚青的這個重擊，其實也是替自己畫下一個那段感情永遠無法繼續的句點，我覺得她幹得眞的好極了！更何況踢爆前男友是「約砲王」的目的之一，是防止更多無知女生受害，根本功德無量。而且她哪裡是玉石俱焚？她根本是浴火鳳凰。

當初愛得**轟轟**烈烈，後來恨也要恨得**轟轟**烈烈，這也算是一種從一而終。

復仇這件事情，是不需要有偶包的。

追著男神跑，是最有效的渣男迴避術

除了作家的身分之外，我還有經營「單人婚紗」事業。

我一直覺得「單人婚紗」和「渣男動物園」之間，存在著隱形的關係。單人婚紗之所以存在，是因為渣男無所不在。

如果世上都是好男人，怎麼會有「單人婚紗」這種女力崛起的東西。正因為渣男的數量，是非渣男的好幾倍，與其跟渣男步入婚姻，還不如慢慢地精挑細選、去蕪存菁。

在找到那個萬中選一的好男人以前，只要妳有能力，從小到大的婚紗夢，妳可以靠自己先完成，而不是自暴自棄，捧著自己的夢想，和渣男綁在一起。

我在臺灣遇過、聽說的屬鬼渣男，數量多到可以寫聊齋，發展到後來，我練就了「一秒辨識渣男」的真本事。為了不再看到髒東西，我把擇偶條件拉高再拉高。自從我把眼光放在頭頂，從此我只看得上完美的男神。

對比過去，為了把自己快點嫁掉，主動把眼光放低再放低，我把自己帶到「肉眼之所在，渣男之所在」的絕境，才會遇到來自地獄的牛鬼蛇神。

所以我說：「一念天堂，一念地獄。」

自從我把孔劉當成理想型，其他狗屁倒灶、來路不明的傢伙，再也沒辦法向我靠近。以我為中心的方圓百里之外，好像圍了一座高牆，高牆入口，有一名高大帥氣的孔劉將軍，守護我的安全。

原來追著男神跑，是迴避渣男的最好方法。因為不只我的眼光看不上渣男，渣男自己也有不如孔劉的自知之明，所以碰到我會自動轉彎，繼續尋找那些心中無男神的女人。

如果妳現在找不到好對象，請不要將就次等對象甚至劣等對象。

追星真的是個明智的選擇，追著追著，搞不好夢想實現，從此「渣男遠離妳，男神屬於妳」。但是請記得，孔劉是我的，妳們可以去搶金材昱。

寧可被帥哥騙，也不要被醜男欺

男人外遇時，通常都很不挑，所以女人婚前更要好好挑，不然婚後發現他劈腿真相時，心情一定幹到爆。

「挑對象長相不重要，帥的老公難照顧」我真的非常非常討厭聽到這種屁話，因為我曾經被這句話害得非常慘。朋友介紹了一個貌似山頂洞人的醜男給我，牠從遠古時代穿越到現代來騙我，從此我發現了殘酷的真相：「不管是男友或老公，顏值都很重要」而且「醜男友醜老公一樣難照顧」。

臺灣媒體三天兩頭就報導，哪個男明星又外遇了哪個誰，全民一再見證「渣男不帥，小三不美」的實例，垃圾配垃圾桶，根本天作之合，難怪通通直接送入洞房。

就因為男人外遇時都瞎了眼，所以女人交往前更要張大眼。要是交往前或結婚前，抱持著「只要男人不帥，情路就保證穩當」的想法，當信仰幻滅的那一刻，真的會幹上加幹。

第一幹：他那麼醜，為什麼還會劈腿？

是人，就有可能劈腿。

海邊就是有逐臭之夫。

人醜心也醜。

醜男的存在不只傷了妳的眼，也傷了妳的心。

第二幹：為什麼小三這麼醜？

醜男愛上醜女天經地義。

醜男配醜女才是世紀真愛。

小三本來就只是「性功能存在」，外表不重要。

　　「醜男外遇機會比較少」或者「醜男不會劈腿」，根本就是沒有考究的大謬論。

　　從頭到尾醜男都只有透過他的外表，自主向妳展現他長得眞的不好看；但是他從來沒有把心掏出來，告訴妳他今生非妳不愛。

　　女生集體耍笨的結果，給了那些醜渣發光發熱的劈腿舞臺。誤以爲留一個醜東西在身邊，就是安穩生活的保證，結果卻被那些「其貌不揚，貌似忠良」的醜傢伙給騙了。

　　渣男瞎了眼沒關係，但是我們說什麼都不能瞎。交往前請當個奧客用力挑，千萬不要說服自己果皮爛掉的蘋果比較安全，因爲全程無農藥種植。

　　不管怎樣，請務必挑一顆鮮紅欲滴的蘋果帶回家，這樣就算最後被毒死，還可以帶著淒美的美學。

　　因爲很重要，所以再說一遍：「男人外遇時都很不挑，所以女人婚前更要好好挑。」否則遇到渣就算了，還是個醜渣，根本就一無是處。

　　帥的渣就不一樣了，就算他是渣，至少是個好看的花瓶渣，懂得拿個蟠龍花瓶把自己的渣裝在裡頭。

　　雖然無法賞心，至少悅目了。

網路世界，渣男集中營

兩年前，臺灣發生一起恐怖的情殺案件，一名臺大學妹，透過網路認識了一個健身教練，最後慘遭分屍十七塊。

類似的事件近年來一直層出不窮，很多都起因於交友不慎。「網路交友」這個新型態的男女交友模式，雖然便利性高，風險相對也很高，說什麼都要放慢腳步，先確認碰上的究竟是人還是鬼，才不會落得人財兩失，甚至賠上生命。

時間倒退回十多年前，當時男女交往，大部分都是先從現實生活中開始。如果彼此感覺不錯，就會交換 MSN 帳號，接下來的每個晚上，都會守在電腦前期待對方出現。

終於等到對方上線了，開始心跳加快，把視線定格在他的位置，好害怕他會突然無聲無息下線。要是下一秒他的對話視窗主動彈出來該有多好，好期待可以馬上聽到「登登登」的聲音。

在那個年代，交友風險小很多，因為關係的開頭幾乎都是先從現實生活開始，然後每晚坐在電腦前守著 MSN 視窗打字，慢火培養感情。

現在交友順序重新洗牌，很多時候，我們是先透過 Facebook、Instagram、交友 APP，主動或被動認識新朋友，接著再約出來見面。

單純一點的女生因為相信人性本善，對於對方揭露的個人資料，全部選擇相信；每一篇發文的真實性，也照單全收；甚至不曾懷疑，照片中的男子到底是不是他本人。

只憑藉著虛擬世界的互動，就以為已經夠了解對方，見到本人以前，就已經決定要喜歡他，想要跟他在一起。

我也算是和「網路騙子」還有「網路情聖」交手過。

　　幾年前的某一天，Facebook 突然傳來一個好友邀請，看了一下，共同朋友有我弟弟還有弟媳，心想這樣算是深度交集，就按下了同意。

　　很快地，他向我自我介紹，說他是我弟弟還有弟媳在美國的研究所學長，目前定居舊金山，在 Apple 總部工作。

　　他的長相，頂多算中等，下巴還有些月兒彎彎，但是既然單身，又年紀相仿，多認識聊聊天也無妨。而且老實說，他任職的公司讓他的等級直接三級跳，我認為 Apple 已經幫我完成了基本的篩選工作。

　　接下來開始，他每天都會找話題傳訊息給我。美國和臺灣有時差，他還是會抽空和我聯繫。有一點我一直不懂，他明明是臺灣人，卻喜歡用英文和我溝通，不管是傳訊息或是通話，他都刻意不用中文。

　　他說他在美國待了十幾年，所以中文退化了，也忘得差不多。當時我會相信他的說法，真的腦袋壞掉。我自己的弟弟也在美國定居十幾年，國語還是很正常，沒有像他一樣怪腔怪調。

　　我問他是在臺灣讀大學的嗎？他刻意打了英文拼音的校名，害我還要花時間唸出來，才猜到是哪一間。我說：「喔，大同大學，旁邊有一整棟的海霸王火鍋。」他竟然說，他不記得旁邊有餐廳了。

　　這個人是哪裡有問題？大同大學畢業的人，有誰會不知道隔壁就是海霸王，對臺北人來說，這也是基本常識。

　　他很喜歡強調他在 Apple 上班，當時正逢一年一度的新品發表會，他故意釋放一些尚未公開的新品資訊，問我有沒有想要的東西，他可以送我。

　　但是我不貪財，而且當時我手邊已經有三臺 Mac 了，不需要再錦上添花。再加上我對 iPhone 完全無感，我是標準的 SAMSUNG 用戶，所以他釋出的利多對我來說完全沒有吸引力。

　　持續互動了四個月後，他問我，那年的聖誕節和跨年要不要去舊金山找他，然後再去休士頓找我弟弟，接下來再去夏威夷度假。他在提議這些的時候，開始釋放出「我工作很不開心，我準備換工作」的訊息。

後來我隱約感覺事有蹊蹺，每次只要我主動聊到 Apple 的話題，他就會刻意繞開。所以我開始向弟媳打聽這個人，得到的回應是，她們並不熟，只聽說這個人很孤僻，風評不是太好。

我開始發揮我的偵探精神，到 LinkedIn 上面搜尋他的帳號，驚人發現，他根本不在 Apple 上班，他任職的公司只是 Apple 的下游供應商。而且他去美國根本不到五年，之前他在臺灣富士康工作。

跟騙子過招期間，在一次跟心理醫生的會談中，我和醫生分享了一張照片。我說：「你看，這辦公室這麼醜，他跟我說是 Apple 總部，是把我當智障嗎？」

心理醫生說：「這不可能是 Apple 總部，所以妳拆穿他了嗎？」我搖搖頭說沒有，醫生繼續問我為什麼，我說不出來。

後來我主動切斷了聯繫，澈底封鎖這個人，一直到最後，我還是沒有掀他的底。只覺得這個人真的很可悲，明明跟我家人認識，還敢這樣若無其事的扯謊。

我一點都不會替他的過錯找理由，他可能會說：「因為我想追妳，我怕比不上妳，所以才說謊騙妳。」沒有這種事情，騙就是騙，今天騙這個，明天可以騙別的，說謊是會上癮的。他會扯這種謊絕對不是因為在乎我，他只在意他自己的感受，一切都是他的自卑感作祟。

當一個男人的自卑感竄出，他的自大就會跑出來作亂。看看那些社會案件，幾乎都是相同的套路。渣男們必須透過欺騙，才能肯定自己的存在。而單純的女生以為人性本善，才會上當受騙。

後來我又遇到一個「網路情聖」，一樣向我發出 Facebook 上的好友邀請。看了一下共同朋友，有我大學時代的男友，我先向前男友打聽了一下這個人。前男友說他們不熟，但確定此人單身，而且職業正確，鼓勵我多認識沒關係，於是我按下同意。

很快的，我收到一套非常專業又經典的介紹詞。

「我本身是建築師，目前在某公司擔任小小的掌舵手……」短短一句話，把他想炫耀的東西都說完了。簡單說，他想告訴我，他是建築師，也是一家非常大的建設公司旗下子公司的負責人。

因為鬼碰多了，直覺告訴我此人是玩咖的機率高達九○％以上，因為這種非常制式又心機的介紹詞，可能已經在許多對話視窗裡，複製貼上好幾遍。

這位先生動不動就對我說「大美女，請我喝咖啡」、「大美女，我請妳喝咖啡」，他約的方法都很隨性，走那種馬上約就想馬上走的路線。但是我有自己的生活，我有自己的步調，我不喜歡生活那麼隨便。

有一次，他終於主動提了一個時間，前一天又臨時說他重感冒不能赴約。

放了我一次鴿子之後，隔一陣子他又開始提出碰面的要求，我都說我沒空。某天，他特地送了咖啡到公司給我，接下咖啡後，我對於他的印象崩壞，因為那是一杯 XS Size 的星巴克咖啡，整間 Starbucks 裡，它是最低消商品。

接下來，他開始頻繁地打電話給我。一開始向我報告他的個人成長過程，接下來開始訴說他工作上的不順心。每次他都會刻意提到他的公司目前營運不善，需要增資，但是他又沒有錢，需要想辦法周轉。

這個話題一直持續不斷出現，幾次之後我聽到很想翻白眼，最後乾脆拒接他的來電。

我很不喜歡男人垂頭喪氣地抱怨工作，而且他一直跟我講錢，是想要激起我的同情還是母愛？

其實當時我已經看穿他了，要怎麼觀察一個男人，從他的社群帳號就可以窺探一二。如果一個男人的發文，按讚的多是濃妝豔抹或是衣不蔽體的辣妹，那麼此人的興趣嗜好已經昭然若揭。

為了 Double Check，了解這個人的變態指數，可以搭配觀察他追蹤的粉絲頁，如果好多都是巨乳小模，那麼這種吃得很重鹹的人，還是盡快遠離，

以免壞了氣場。

想想也不難懂，如果年過三十八歲，既是建築師，又是一家公司的老闆，長得也不醜，為什麼還沒結婚也一直沒有穩定交往的對象？然後又很老練地在網路上選妃？

不要被一些表面頭銜給騙了，頭銜有時候是虛的，走近之後打開一看，會發現裡頭根本廢墟一片，需要妳貢獻金錢整頓。

到底是因為公司經營太慘澹，才有時間去網路上找妹，還是因為都在網路上找妹，所以公司經營不善？不管是哪一種都很不好。

好在我先前已經跟另一名嫌棄我子宮太老，沒辦法生出三個孩子的建築師交手過，所以早就對建築師這個貌似高貴的職業免疫，甚至有些反感。

至於負責人身分，真的也沒什麼。有賺錢的公司，也有賠錢的公司，並不是每一個老闆都富有，負債的、跑路的倒是一大堆。

我說啊，虛擬世界想要找到真愛，機率真的很低，可能跟在大韓航空的頭等艙和孔劉相遇一樣低（但是我幸運地遇到了）。

後來我再也不在網路上接受男性新朋友，哪怕他是我朋友的朋友也一樣。

想也知道，現實生活都碰不著好男人了，怎麼會期待網路上的貨色比較好？網路的特性，反而給那些心術不正的傢伙，一個很好用的詐騙平臺。

不過網路上還是有真愛，我最好的朋友和她的老公就是在網路上相遇，那年她已經三十五歲。

女生在網路上交朋友，一定要停、看、聽，不要貿然闖紅燈，否則一不小心就可能不幸身亡。

要是妳在網路世界，疑似遇上了天上掉下來的禮物，該如何分辨裡頭裝的到底是鑽石還是大便？（註：以下以 Facebook 為例，同時適用於其他社群平臺。）

一定要互加帳號

千萬不要相信「我沒有 Facebook 帳號」或是「我很少用，已經很久沒打開 Facebook」這類的鬼話。雖然很多人認為 Facebook 已經慢慢被 Instagram 所取代，但是在臺灣人人有個 Facebook 帳號並不過分，一般不肯給或是不給加的絕對有鬼。

觀察他的好友成分

我看過一些男人的 Facebook 好友名單，大概一半以上都是整形後的爆乳妹。不過現在很多人習慣把好友名單關閉，這時候就要透過每則發文的按讚名單還有留言名單來窺探這個人的好友組成。有的男人有特殊癖好，喜歡亂加不認識的妹，既然都發現他是這種人了，就不需要在這種不安分的人身上浪費時間。

觀察他追蹤的粉絲頁

透過觀察一個人追蹤的粉絲頁，其實就能窺探他的興趣、喜好、政治傾向（是藍還是綠）、職業屬性。如果一個男人追蹤的粉絲頁，幾乎清一色都是沒營養的小模辣妹，那麼也請妳不要浪費時間。因為如果交往前，妳選擇睜一隻眼閉一隻眼，正式交往之後，這一點會讓妳夜夜難眠。

觀察他是不是恆常掛在線上

有事業的男人，哪有那個鬼時間成天泡在網路上和妳喇賽或是談情說愛？賺錢都來不及了，怎麼會把獵豔當主業。要是妳以為他是真的很愛妳，才會花那麼多時間陪妳聊天，就真的太蠢了，他是因為閒閒沒事幹，所以找妳打發時間，而且妳絕對不是唯一，只是眾多之一。

一個事業有成的男人，就算白天有空檔，也會去打小白球，或者上健身房，才不會浪費時間掛在網路上。

認識未深就談錢的男人通常都負債累累

不管是打悲情牌，或者想要試探一個女生的金錢觀，一開始就談錢的男人也請遠離。如果他真的想跟妳認真交往，談錢幹什麼？當一個男人有意無意就透露他的事業需要資金周轉，其實都是想測試這個女生到底有多傻，是不是他值得投資的騙錢對象。切記，金錢是買不到真愛的，但是買得到負心漢。

透過網路社群交友沒有什麼好不好，這已經是趨勢了，只是女生一定要懂得保護自己，因為網路上絕對是渣男密度最高的地方。

無時無刻都要把偵探精神開到最大，不時提醒自己，眼睛看到的不一定是真實。

保持實事求是的精神，不要還沒見面就被對方的甜言蜜語迷惑。身分證拿出來，名片拿出來、戶口名簿拿出來，總之任何可以證明身分的東西通通交出來。

雖然身分證背面的配偶欄空著，不能百分之百保證未婚或是未曾離婚，這要看戶口名簿比較準，但是透過身分證至少可以先知道對方的真實姓名、居住地址、還有出生年月日。當然妳也可以默記對方的身分證字號，之後出事了比較好抓人。這不是開玩笑，我覺得現在的臺灣社會真的很需要。

其實女人天生的第六感都準得要命，所以不要幫說謊的男人找理由，他們大言不慚的吹噓、編故事，背後都只有一個原因，就是這個人心理有病，而且他們意圖不軌。

網路上表現越專業的越有鬼，當妳覺得那個人怪怪的，他就是怪怪的，請盡速遠離。千萬不要因為害怕一個人，硬把生活變成兩個人，故事最後不剩半個人。

單身真的不可怕，和恐怖情人、專業騙子綁在一起，人生才岌岌可危。

會玩社群的男人，多少都有風險，還好我老公孔劉不用這種東西，真心感謝上帝對我的疼愛。

三十五後大齡剩男的瑕疵大盤點

我有一個男性好友，完全的人生勝利組。他有很好的家世背景，學歷攤開來也很漂亮，目前在全球金融公司 Morgan Stanley 工作。除了這些外顯條件之外，私底下他也是一個好兒子、好老公、好爸爸，更重要的，他跟我老公孔劉同年同月同日生。

我跟他認識已經超過二十五年，這些年，他不只一次對我說：「我覺得喔，在臺灣，過了三十五歲還沒結婚的女生，條件通常都非常好；可是男生過了三十五歲還沒定下來的，通常都有一些問題。我很努力想要介紹朋友給妳，但是想了半天，還真的找不到一個正常的。」

沒有人可以比他更中肯，他是亂世中的清流，替所有大齡勝女發聲。

仔細想想，他講的還真有道理，完全貼近真實。我活到現在，遇到的怪物和渣男真的可以收納成冊。針對那些大齡剩男的瑕疵，我已經可以系統性的盤點歸納。看清楚真相後，我們再也不用為了他們的歧視或者偏見感到難過，反而會覺得保持單身，是頭腦清楚的聰明選擇。

以下整理出來的瑕疵種類，通常不一定單一存在，隨個案不同，有時會出現混搭現象。請留意妳身邊有沒有當中任一款的瑕疵男，下回當他們再次對妳表現歧視，妳可以嘲笑他們沒有自知之明。

性格瑕疵

性格瑕疵的款式非常多樣，像是自大、自閉、自卑、小氣、孤僻、暴戾、剛烈、沒責任感、陰陽怪氣、自視甚高。

不管類屬以上哪一款，這些男人的示好方式都非常詭異，他們的性格瑕疵完全反映在社交行為上，只要細心一點，都可以輕易察覺。

我遇過一個自卑的男人，一開始向我自我介紹時，他就說：「我聽說妳

是臺大畢業的，妳好厲害喔，但是妳不要問我是哪個大學畢業的，我不想說。」後來交談時，他又會一直把「妳是臺大的好厲害」掛在嘴邊，卻也不忘向我強調「我是公司負責人」、「我的公司如何如何」這類的話題。

我覺得莫名其妙，都已經出社會這麼多年，誰還在管學歷，況且我對他沒興趣，根本沒打算了解他哪間大學畢業，他到底在怕什麼。只是我也看清了他的性格，自卑混著自大，衝突得可以。

其他像是孤僻、暴戾、剛烈、陰陽怪氣、自視甚高，這些瑕疵都會讓人變成關係裡的高風險族群，極大可能是潛在的危險情人。遇上了性格瑕疵的男人，說什麼都要盡速遠離，千萬不要為了脫單，連命都可以不顧。

興趣瑕疵

有興趣是好的，但是如果因為興趣走火入魔，搞到廢寢忘食，這類的男人不用奢望他有責任感。

以我來說，我非常不能接受愛打電動的男人。有事嗎，都已經年過三十五，還每天沒日沒夜打電動。而且跟別人連線對打時，還會因為戰友表現不佳而暴怒。

我有過這樣的經驗，當我蹲在地上擦地板，因為不小心碰到對方的腳就慘遭怒吼，因為我打到他的腳，影響了他的表現，害他沒躲過敵人的攻擊。以此人來說，他就是興趣瑕疵混搭了性格瑕疵。

曾經試圖跟他溝通打電動的問題，他竟然提出一個奇怪的謬論：「會打電動的男人就不會去嫖妓、賭博，我這個興趣正常多了。」

所以他的意思是說，如果我不讓他打電動，他就會去嫖妓跟賭博？

宅神金城武都可以戒電動了，那些凡夫俗子是在那邊理直氣壯什麼東西，況且金城武也沒有因為不打電動就自暴自棄，偷偷跑去嫖妓跟賭博。

當一個男人的興趣已經影響到關係品質，完全不用對這個人有任何期待，也不用奢望他未來有一天會改善。

婚前只有妳一人受害，妳可以選擇瀟灑走人；如果頭腦不清醒還跟他走

入婚姻，根本就是拉著未來小孩一起陪葬。

　　妳可以想像一個畫面，當妳顧小孩顧到昏頭，一顆石頭卻杵在沙發上打電動，完全與世隔絕，那麼生活中有他沒他，有什麼差別，家裡真的不需要為了這種人多準備一副筷子。

　　其他像是賭博、嫖妓、A片重度沉迷者，根本連考慮都不必，趕快走人比較實際。

價值觀瑕疵

　　價值觀包含了「家庭價值觀」、「愛情價值觀」、「政治價值觀」、「社會價值觀」、「金錢價值觀」……等，只要其中一種發生歧見，衝突就很難避免。

　　有一次我差一點就要走入婚姻，事後回想起來，我跟那位先生的所有價值觀，根本就落在光譜的兩端，就連最不該影響生活的「政治價值觀」，他也可以拿來跟我吵，試圖逼迫我走向他的政治光譜。

　　其他像是「金錢價值觀」還有「家庭價值觀」，更是不停衝撞我們的生活。他把錢擺在人生的第一位，錙銖必較，但是我把錢看得比較淡，我認為世界上有很多東西是錢買不到的。

　　這樣的差異，彼此相安無事時可以互補，但是日子一久，對方開始拿得理所當然，漸漸地我也開始納悶，自己幹嘛蠢到割地賠款？

　　什麼都講AA制，婚前掛他名下買的房子，也要我婚後共同負擔房貸，那麼離婚後我的保障在哪裡？他賺到了房子，而我只能淨身出戶。

　　他刻意把房子買在距離他原生家庭只有車程五分鐘不到的地方，卻離我的原生家庭很遠，理由是他哥已經定居荷蘭，他必須住在離家很近的地方，才可以就近照顧爸媽。這一點真的很自私，他的爸媽才是爸媽，我的爸媽就不是爸媽？我弟弟一樣已經定居美國，我爸媽也需要我的陪伴，我完全不能接受「嫁出去的女兒，潑出去的水」這種說法。

　　而且，將心比心，如果今天換成買的房子坐落在我家附近，我爸媽天天

上門光顧，他可以接受嗎？真的己所不欲，勿施於人。

感情瑕疵

帶有感情瑕疵的三十五後大齡剩男，數量真的太多了，他們仗勢著自認條件不差，周旋於眾多女人之間，用一種選妃或是釣魚的方式找樂子。他們不靠大腦在挑對象，而是處處找機會鍛鍊下半身的活動力。

他們對外會一直釋放「我好想快點進入婚姻」的訊息，其實那只是幌子，為了降低女生的戒心，方便掩飾他們正在從事的陰謀。

女生會覺得，眼前這個人對我猴急所做的一切，都是為了拉我快點一起進入婚姻。妳以為他對妳談的是永遠，他追求的只是幾秒的快樂而已。

一個自認有頭有臉的大齡剩男，有一次跟我分享他的經歷。他才剛剛跟一個愛慕他很久的女生發生關係，緊接著不久之後，他又在一場聯誼聚會裡，認識另一個女生。他說那女生某天半夜主動約他開車兜風，兜著兜著，主戰場就從車上快轉到床上。他在一個禮拜裡，先後睡了兩個女生。

這兩個女生比起來，他認為後來出現的那個條件跟他比較匹配，可是前面那個他睡也睡了，搞得情況很棘手。他說他很想結婚，可是他不明白怎麼自己通通都遇到這樣的爛桃花？

在他的邏輯裡，都是別人逼他睡，他完全都不用負責就對了。

當然還有另一種感情瑕疵，就是跟前女友或前妻糾纏不清。明明是妳跟他的兩人世界，卻搞得背後靈一直如影隨形，這種瑕疵款也不要帶回家，否則買一送一，後患無窮。

經濟瑕疵

不知道為什麼，我三十五後遇到的三十五後男，很喜歡把他們的經濟狀況公開分享。

不過會說出來的，往往都不是什麼多金貴公子，反而都是公司經營不善的窮老闆。他們很聰明也很投機，會找那種看起來應該有財力可以金援他們

的大齡勝女，他們貪的是財不是情，要談感情他們還是傾向找嫩妹。

除了這種比較極端的之外，比較常見的經濟瑕疵通常是收入不穩或是負債累累。這種說什麼也要遠離，不要為了搶著結婚，把自己大半的積蓄都賠了進去；也不要好心想著「我的錢也是你的錢」，說什麼都要守好自己的錢。就算一輩子不結婚又怎樣，那些錢將來拿來養老多舒服多開心。

外貌瑕疵

有些男人歧視大齡女子，覺得大齡女的視覺效果沒有年輕的肉體好，但是他們卻很少照照鏡子看看自己。大齡剩男裡，矮的、禿的、胖的、油的、皺的、醜的、水桶肚的、愛穿高腰褲的真的一大堆。

他們總是拿放大鏡檢視別人的外表，卻拿縮小燈忽視自己的瑕疵。

其實現在很多女生幾乎都讓人猜不出年紀，把同年齡的一男一女擺在一起，女生往往會被認為比男生年輕五歲以上。

不過另有一種「大齡勝男」，隨著年齡增長，漸漸放低對情感的欲求，他們選擇寄情於事業，因為他們在工作中，就可以獲得成就和滿足。

他們曾經很想結婚，但是現在把想婚的念頭擺在一邊。他們真的抽不出時間談感情，因為在他們現階段的人生裡，事業排序第一位。

碰到這種人，如果妳覺得時間寶貴，那麼趕緊收手換下一位，因為妳絕對捱不住長期抗戰；但是如果妳覺得他很值得，不妨溫水煮青蛙，只不過到底要煮上多久，真的就看個人造化了。

看看韓國那幾個三十五後的頂級男神，幾乎都是這掛的感情絕緣體。不過我會努力，讓孔劉恢復成導電體。

盤點了三十五後大齡剩男的瑕疵之後，有沒有驚覺他們哪來的自信，覺得自己越來越老，條件也越來越好？

我們大齡勝女有什麼瑕疵？除了難搞一點，子宮有些年分，除此之外，

就沒有其他。

但是難搞是為了自保，誰希望自己的一生被另一個人拖累。子宮上了年紀又怎樣，卵子凍起來，生子沒煩惱。現在科學這麼發達，劉德華的老婆都快五十歲才得女，所以有什麼好怕的。

那些嫌棄女人大齡的男人，家裡可能都少了一面鏡子，讓他們可以好好照照自己的樣子。所以他們一直沒發現，自己其實已經虎背熊腰、腦滿腸肥、皮鬆髮疏。唯一充滿膠原蛋白的，可能只有他們的銀行存款而已。

我無意製造兩性對立，但是為什麼只有男人可以公然嫌棄大齡女子，大齡女子就要一直站穩挨打位置？

世界應該公平一點，大齡剩男要蜜桃妹，我們也可以指定鮮肉弟；大齡剩男要身材 S 型辣妹，我們也可以指定要六塊肌猛男；大齡剩男嫌我們子宮已衰老，我們也可以嘲笑大齡剩男精子數變少。

沒理由大齡女子要一直處於被扣分數的狀態，我們也可以拿出計分板幫大齡男子打分數。只要我們自信滿點，那些不入流的批評根本不具任何殺傷力，那些攻擊反而會彈回他們身上，打得他們滿身彈孔。

如果他們真的是如假包換的黃金單身漢，怎麼會一直找不到對象也始終走不進婚姻？是不是他們對自己誤解了什麼，或是刻意忽略了什麼？

回頭看看那些被我們遠拋在身後的大齡剩男，妳一定會告訴自己：「單身真好。」

我們的單身，是自身選擇；他們的單身，只是剛好而已。

渣男相對論

後來發現，「渴婚」就像個恐怖的詛咒，再聰明的女生一旦被這個念頭纏上，也會瞬間變智障。

所以一談起戀愛，意外不斷，人禍頻傳。可惜保險公司沒有提供「愛情意外險」，不然保證保單接不完，理賠起來也是相當慘烈。

許多女生在適婚年齡前後，會開始出現一些退化現象。除了智商歸零之外，感知系統也會自動關閉。面對不合理，也可以隨便找個理由合理化，原本不喜歡的，也可以試著喜歡。

症狀持續的時間，因個人福報多寡而異，有的可以在進入婚姻後結束，有的可能爲期數年，也有極少數人可以自癒，當然也有人終其一生都處在發病期。

患病過程中，患者會有某些特殊性格上身，根據我過去的慘烈經驗，以及身邊友人的暗黑歷史，大概可以整理出下十種角色扮演。

一、家政婦

遇上獨居在外的男友，一不小心，主婦魂就上身了。

自願照顧他的生活起居，無條件爲他做牛做馬。洗衣煮飯、掃地拖地、遛狗鏟貓屎、添購日用品、內衣褲換新、追垃圾車……通通變成妳的事。

所有原本他的生活日常，變成妳的生活重心；妳存在的目的，就是幫他整理家務，妳甚至把他的家，整理得比自己的窩還要舒適。

妳把他的生活變簡單了，自己的生活卻忙亂了。

對於這些，妳也不是很在意，反正這些瑣碎又日復一日的無聊事，婚後也都是妳的分內事，早做晚做差別不大。

而且妳相信，只要他發現妳如此賢慧，一定大受感動，將妳視爲賢妻候

選人的不二人選。接下來很快就會下訂，以免被別人捷足先登。

可是劇情發展和妳幻想的不太一樣，一開始他還會對妳說謝謝，久了之後，一切變得理所當然。做得好是應該，做不好會被嫌棄。

他開始把妳視為成不支薪的家政婦，他儘管享受茶來伸手、飯來張口的大爺生活就好。

那些多出來的時間，他會拿去和朋友廝混，或是打上一整晚的電動。他有各種私人娛樂可以填塞原本做家事的時間，就是沒空和妳好好聊天。

速配對象：寵物渣——貓熊先生。

二、盲者

童話故事的結局，永遠都是「王子和公主，從此過著幸福快樂的日子」。女孩都幻想可以嫁給王子，可是一旦被「想婚」的念頭騷擾，開始眼盲心也盲，把王八當王子。

眼盲，讓妳看不到他的其貌不揚；心盲，讓妳看不到他有多渣。

身邊所有人都說妳們不配，妳卻覺得那些人都瞎了，為什麼就是看不見他的好？甚至還要誣衊他。

既然都已經認定他是那個對的人，就算他幹盡壞事，妳也只能選擇視而不見。

正式進入盲者模式之後，等於與世隔絕。對妳來說，周圍一片漆黑，是最舒服的狀態。黑暗中，妳可以忽視別人的眼光，也不會發現自己早已深陷危險。

速配對象：渣男動物園全系列動物。

三、提款機

「渣男騙錢」的社會案件從來沒停過，每次看到這種新聞，我都會非常

憤怒。那些男人好手好腳的，爲什麼不好好工作，把女人當成行動提款機。

不過這種事情，一個願打，一個願挨，要不是女人自己心甘情願吐鈔出來，渣男也無法得逞。

那群渣男通常會鎖定大齡單身女子下手，看準了她們很想結婚，所以特別好騙。他們以超前進度，展開熱烈追求。等到女生沉淪後，馬上拿出布袋，準備大額提款。

他們歛財的方式一般可以分爲：「悲情攻勢」、「情聖攻勢」。

採取「悲情攻勢」的渣男，會編出各種悲傷的理由，告訴妳他已經走投無路：可能是家裡有人重病、或者公司經營不善即將倒閉。他們不一定會明確開口要錢，反正球先丟出去，就看妳怎麼回應。

大部分的女生都會心軟，捨不得眼睜睜看著另一半爲錢所困，於是把自己自動變成提款機，還會主動告訴對方戶頭裡還有多少餘額可以提領。

把錢交給對方的時候，還會體貼補上一句：「這些你先拿去救急沒關係。」

至於採取「情聖攻勢」的，多半是跨國騙子，他們背後有一個集團，建立了一套完整的 SOP，以專業的手腕從事詐騙事業，我身邊就不只一個朋友被這些金髮騙子纏上。

那群男人會在 Facebook 或者 Instagram 上亂千打鳥，隨便加好友。接下來，他們會從「How are you today?」、「Good morning.」、「Have you eaten lunch?」、「Good night.」迅速進展到「Baby, I love you!」、「Will you marry me?」。

就算妳英文再爛，只會 Yes 或 No，或是像鸚鵡一樣重複他的問候語，還是會有種和老外戀愛 ing 的錯覺。

持續了日復一日的英文 Lesson 1 之後，有天，他突然開口說他要搭飛機來找妳，在見到妳之前，他想先寄幾樣他精心挑選的禮物給妳。

幾天後，他告訴妳，送妳的那些昂貴的名牌禮物被海關扣押了，需要收件方先支付一筆錢，才能讓物品順利送達。於是給了妳一組銀行帳號，要妳匯款。

就這樣，妳的錢流進了他的口袋，同一時間，妳也收到一份他為妳精心準備的大禮，名為「詐騙」。

我就曾經幫忙一個朋友，拆穿一個英國佬設下的騙局。對方 Facebook 的好友名單，一看就有異，清一色都是亞洲藉的女生，有臺灣，韓國、日本。他上傳了好多照片，都是一群西裝筆挺的男人，圍坐在一間氣派的大型會議室裡，每個人正打開電腦，聚精會神盯著螢幕，我稱那個畫面叫做「集體行騙」。

對於那些渣男來說，動動口甜言蜜語，或是打打字噓寒問暖，完全不費時也不費力，輕輕鬆鬆，就能財源滾滾來，世界上投資報酬率最高的工作也不過如此而已。

妳怎麼想都沒想到，妳吐鈔出來是為了灌溉真愛；但是他卻拿假愛出來提領鈔票。

有一個道理，永遠不會改變：不管在哪一段關係裡，永遠都不要把錢混進來，因為談錢不只傷感情，也買不到真感情。錢真的不是愛情的土壤，沒辦法讓關係開花結果。

速配對象：詐騙渣──狐狸先生、金剛渣──猩猩先生。

四、編劇家

平常妳根本不擅長寫作，也缺乏創作能力，但是當妳正逢「想婚症候群」發作期，妳會突然擁有強大的編劇能力。

可能才跟對方認識或交往沒多久，光憑前幾次約會，就足以讓腦海中的劇本神展開到好幾個月甚至好幾年之後。

　　妳開始想像和他的婚姻生活，腦補功力大增。腳本裡，有他、有妳、可能還有可愛的孩子。這時的妳，是個過分的樂觀主義者，劇情設定通通是歡樂喜劇走向，完全沒有悲劇。

　　可是過多的希望，通常只會帶來失望和絕望，在妳編撰的劇本裡，只有妳自己的一廂情願，理想和現實永遠都是兩套故事在運作。

　　速配對象：渣男動物園全系列動物。

五、迷信者

　　很多急著嫁又嫁不了的女生，能做的掙扎除了「求神」就是「問卜」。

　　多年前，我跟著我最好的朋友，一有空就勤跑廟宇，騷擾眾神明，祈求真愛降臨。

　　龍山寺月老、大稻埕霞海城隍廟、松江路四面佛、忠孝東路愛神、狐仙廟……，各種可以招桃花、求姻緣的廟，通通不放過，聽說哪裡靈驗，就往哪裡去。

　　鮮花素果、餅乾糖果，該奉上的從來沒少過，而且硬是要比別人澎湃。

　　後來發現，對的人沒出現就算了，還來了一堆歪七扭八的人，最後我還是一個人。

　　原來愛情和婚姻這種事情，真的不是神明拜得多就保證有用，也沒辦法立即見效。

　　神明那邊一直不出貨，不是忘了妳；只怪世間渣男量產過剩，好男人卻時常缺貨。要是神明手邊就是沒有極品現貨，祂要拿什麼給妳？

　　如果妳以為有拜馬上有保佑，有拜神明就會迫不及待顯靈，那麼要是拜完後，身邊不幸出現一個劣等瑕疵品，妳卻把他當作神明的禮物，下場比沒拜還要更淒慘。

　　其實啊，在神明處理到妳的姻緣案件以前，妳可以先保佑妳自己。只要

不強求也不著急，妳的靈魂就是最銳利的眼睛，可以讓爛人現形。最靈驗的神明，其實是妳自己。

我本身沒有宗教信仰，對宗教也沒有研究，不過我曾經思考一個永遠不會有答案的問題：宇宙究竟是萬神論、一神論、還是無神論？

如果是「萬神論」，要是我拜的神佛和命定對象篤信的神佛不同教派，那麼是不是兩方神明要先敲個會議，派出雙方代表談判交涉；就跟藍牙配對一樣，確定配對正確之後，才讓姻緣塵埃落定。

如果是「一神論」，那麼一個神明要一神分飾多角，每天嗡嗡嗡像小蜜蜂，因為祂掌管了全天下的大小事，而婚緣只是眾多管轄範圍內的一小部分。為了做好時間管理，神明一定會優先處理很重要而且很緊急的事，才不會失職。婚姻這檔子事，不管怎麼看，都會被歸類在很重要但是不緊急。

如果是「無神論」，真的就是「靠山山倒，靠人人跑，靠自己最好」。

多年後的現在我才發現，我以前根本都拜錯廟宇，我應該勤跑孔廟才對。我相信孔廟拜著拜著，只要得到了孔子的允許，孔氏宗親也不會有意見，我就可以順利嫁給孔家後代了。

至於「問卜」，很多人說命會越算越薄，這一點我覺得不全然正確。只要找對人算，自己的心態也正確，那麼提前知道接下來的運勢走向，趨吉避凶，也沒什麼不好。

以前我只要看到網路上有人公開分享哪裡有神準的算命，就往哪裡去。後來我的經驗告訴我，凡是網路上可以找到一堆評價的命理師，通常功力都不怎麼樣。

大約七年前，一個在網路上有點名氣的算命師，在我質疑他為什麼信誓旦旦的預言沒有發生，他竟然回答我：「要是我真的那麼厲害，我早就已經坐在外面的神桌上了，幹嘛還在這裡跟妳廢話。」

　　眞正厲害的大師，會找他們算命的也一定都是有頭有臉的檯面上人物，那些人怎麼可能公開分享自己的算命經驗。我現在的御用命理師，都是國師等級，但是網路上通通查無資料。

　　如果透過神祕的、未知的力量，可以給妳一點安定或是內心的療癒，那就是適合妳的好方法。而且算命時的問題重心，也反應妳當下的空虛，可以幫助妳更了解自己。

　　不過，如果妳算命的重點都是繞著：「爲什麼他不能對我好」、「他什麼時候會對我好一點」、「我們的關係什麼時候會好一點」，那麼那段感情注定永遠好不了，他也一輩子不可能對妳好，請快點把他給換掉，把寶座讓給眞的有緣人。

　　不要傻傻去逼問命理師：「這個人可不可以嫁？值不值得嫁？」把這麼重大的決定權丟給一個不相干的人，很冒險，也很愚蠢。

　　如果妳遇到一個不可多得的好人，根本不用問任何人，也不需要任何人背書，妳一定會知道：就是他了。

　　我一直很喜歡我的御用神算在論我的八字時，送我的一句話：「妳在狀態最好的時候，遇到的對象也最好。」

　　如果命理師預言下一個對象明年會來，那麼現在該做的，就是把自己調整到最好的狀態，享受當下的單身生活，而不是每天倒數還要多久才能脫離單身。

　　會來的，終究會來；不會來的，妳逼他來，他最後也會逃跑或陣亡。

　　那種把喜歡的人的名字寫在粉紅紙條上，放進紅包袋裡，壓在枕頭下方之類的事，就別再做了，睡一睡他也不會變成妳的，只會變成每晚的夢魘而已。

　　算命這檔子事眞的就跟找對象一樣，一定要小心謹愼，一不留神，一生就被耽誤了。爸爸媽媽講的話我們都不一定全部都聽了，爲什麼要全面接收命理師的話。

但是我還是滿心期待我的兩名御用神算的神預言實現，他們都斷言我未來的老公一定不是臺灣人，而是東北亞的外國人。既然我是抗日分子，日本可以先剔除了，那麼就是韓國人了。如果是孔劉，就表示我上輩子真的拯救了地球。

速配對象：渣男動物園全系列動物。

六、不婚主義終結者

有的男人一開始就很誠實地告訴妳，他不想結婚，或者他沒辦法專注於一段關係。嘴巴上妳都會先說沒關係，可是心裡卻另有盤算。

妳相信只要用愛感化，溫水煮青蛙，情況一定會有所改變。

可是這件事情真的沒有妳想的那麼簡單，光是要把「想婚」的妳，轉到「不婚」的頻率；或者把「玩不起」的妳，調整到「超愛玩」的狀態，都已經是天方夜譚了，妳又怎麼有信心可以把「不婚」的人變得「想婚」，把「超愛玩」的人變得「不想玩」？

速配對象：陰陽渣——刺蝟先生、劈腿渣——青蛙先生。

七、救世主

神愛世人，妳擁有和耶穌相同的靈魂，眼裡看到所有他的惡，無一不可愛。

妳明知道他很壞，但是妳相信他會改。妳自認妳的愛很強大，足以讓他走回正途。

就算他前科累累，就算他曾經殺人、放火、搶劫、強姦，這些在妳看來通通沒關係。妳甚至認為他之前之所以走偏，是因為妳還沒有出現。

妳一廂情願認為只有妳才懂他，妳是他生命中的救世主，只要他住進了妳親手打造的感化院，撒旦也會變天使。

可是有些人的壞，需要重新頭胎才會變好，所以故事的最後，通常還是悲劇收場，而妳就是下一個生死未卜的受害者。

　　速配對象：兇殘渣——狼先生。

八、超級忍者

為了保全關係，妳開始學習忍術。

不管對方的言行多麼失控，妳都可以一忍再忍、無所不忍。妳就像個無底線的人，允許對方得寸進尺。

不管他做了什麼狗屁倒灶的事情，妳都會選擇原諒，就算是妳最不能容忍的劈腿偷吃或者暴力相向，妳都會忍痛吞下。

把苦往心裡吞倒不是因為妳有多麼寬宏大量，而是妳比較在意關係能不能延續。

妳擔心要是分了這一個，下一個不知道要等到何時才出現。就算等到下一個玩家登場，一切都要重頭來過，妳不確定還要花多少時間，才能進行到目前的進度。與其打掉重練，不如維持現狀，不然之前付出的心力和時間都白費了，會讓自己心心念念的婚期遙遙無期。當然妳也會怕，下一個對象搞不好比現在這個還要更糟糕。

所以妳安慰自己，人非聖賢，每個人都有缺點，每個人都會犯錯，不要太苛求別人。

可是過多的溺愛和包容，只會讓他變本加厲的使壞。自古「慈母多敗兒」，妳可以多忍，他就可以多壞。

　　速配對象：渣男動物園全系列動物。

九、斯德哥爾摩患者

和他在一起，伴君如伴虎。

突如其來的言語暴力和肢體暴力，讓妳身心受創。每次施暴後，他不是假裝失憶，就是痛哭下跪求妳原諒。他像個綁匪一樣，用情緒綁架了妳，妳從來沒想過要逃，自願成為他最忠誠的人質。就算被傷得體無完膚，還是會選擇原諒。

妳對他的愛只有入口，沒有出口。雖然妳好怕下一秒拳頭和巴掌就會如雨落下，但是妳就是離不開他。

為了讓自己好過一點，妳試著把他的失控合理化，告訴自己一定是他壓力太大，或是妳哪裡不夠好，他才會生氣動手。

妳用縮小燈，微型化他幹過的一百件壞事；卻用放大鏡，巨型化他為妳做過的一件好事。那件微不足道的小事，成了妳的愛情維生器，方便妳自我催眠：其實他對我並不壞，他打我是因為太愛我。

「我先給妳吃拳頭，然後再賞妳蜜糖；我先狠狠打妳，然後再好好愛妳」，你們的關係開始朝向病態發展，為了吃到蜜糖也得到他的愛，妳甘願被傷害，而且他越傷害妳，妳越離不開。

速配對象：金剛渣——猩猩先生、暴力渣——老虎先生、兇殘渣——狼先生。

十、許願池

妳把自己變成了許願池，讓他有求必應。只要他敢開口，妳就不會讓他失望。

當他開口想要某個限量版商品，妳可以為了他徹夜排隊，甚至吃上好幾個月的泡麵；當他想要徹頭徹尾改變妳的樣子，妳願意努力成為他心目中女神的複製人。

他不喜歡妳太有個性，妳就收起鋒芒，努力當隻小綿羊。他要妳往東，妳就不會往西。

他嫌妳胸部不夠豐滿，妳就跑去隆乳；嫌妳身材楊貴妃，妳就努力變得

身輕如燕；嫌妳說話太大聲，妳試著輕聲細語；嫌妳打扮太老氣，妳就開始研究時尚。

有時候妳會覺得奇怪，要是他對妳有這麼多不滿，幹嘛還要勉強自己跟妳在一起，直接找個符合所有標準的理想型不是比較容易。

只能說人性本貪，當妳實現了他的第一個願望，後頭就會有源源不絕的願望。

這幾年我有私密處除毛的習慣，我的除毛師跟我說，會進行這個療程的女生，大多是國外回來的人，或是像我這樣的單身女生。

有對象的女生都會面臨一個壓力，聽說私密處無毛的女生，會給另一半招來不幸，所以就算她們想除毛，另一半也會強力反對。

對於這種說法，我非常不能接受，把自己的不幸或是不順，歸咎於女性的身體，不只不負責任，還很荒謬。我們的身體不是別人的許願池或者幸運池，我們應該保有自己的身體自主權。

毛除了會再長，但是毛髮禿了就再也回不來。如果真要管女人們留不留毛，那可不可以也請男人們保證頭頂上的毛髮可以永遠不少？

其實要不要留毛這件事情，是可以溝通的，要是對方覺得有毛比較性感，而不是有毛會讓他的人生比較順遂，那麼我們當然願意讓毛不落地。

我們去廟裡拜拜許願，都要添香油錢了，等到願望實現，還要馬上去找神明還願。既然這樣，男人憑什麼不費力氣，甚至連丟銅板都不必，只要動口許願，我們就一定有求必應？

速配對象：貪財渣──雞先生、自戀渣──孔雀先生。

進入「想婚期」的女生，很容易被上述的十種角色附身，而且通常不會單一角色扮演，而是一人分飾多角。不管哪一種角色，都會替自己招來不

幸。

　　只能說，想結婚的念頭，就像一個無底黑洞，可以讓人無限沉淪。為了快點把自己嫁掉，好像要妳吞劍或跳火圈都可以。

　　當女人開始集體自暴自棄，投機又壞心眼的男人自然嗅到商機。渣男因為發現市場很大，於是紛紛把自己上架。而且渣過的都知道，渣男絕對是世界上爽度最高的生物，只要抓住女人的弱點，就可以輕易地予取予求一陣子甚至一輩子。

　　可是反過來看，要是沒有女人的低聲下氣，男人怎麼可以氣焰高張；要是沒有女人的忍氣吞聲，男人怎麼可以胡作非為；要是沒有女人的百般討好，男人怎麼可以軟土深掘；要是沒有傻女，怎麼會有渣男，一切都是相對的關係。

　　與其說是渣男傷害了妳，不如說是自己害慘了自己。要是沒有當初門戶大開的歡迎光臨，還有後來的吃苦當吃補，渣男哪來的舞臺為所欲為？

　　妳所有的不幸，都起源於沒有意義的恐懼，因為妳怕獨處、怕落單、怕他離開，更怕自己嫁不掉。

　　但是如果不能幸福地走入婚姻，只是為了結婚而結婚，下場不是痛苦一生，就是離婚收場，既然這樣，當初又何必白忙一場？

　　這幾年我一直一個人，我不再犯傻。為了縮短和孔劉的距離，我有了自己的事業、買了自己的房子、寫了兩本書，養了兩隻貓。這些為愛做的好事，雖然不能保證結局一定如我所願，但是過程中我已經脫胎換骨，進化成更好的人。

　　故事最後，不管我是繼續單身，還是如願兩個人，我都是贏家。

結語　告別了渣男，下一站就是男神

　　一個女生從小到大，究竟會遇過多少禽獸？一隻？兩隻？三隻？或是∞隻？

　　每次有人問我：「臺灣名產是什麼？」我第一個想到的不是鳳梨酥，也不是珍珠奶茶，是渣男。我相信九○％以上的臺灣女性都會認同，渣男在臺灣已經不只是量產，根本盛產。

　　但是必須殘酷的說，渣男之所以無所不在，我們女人是幕後推手。要是沒有女人的委曲求全、忍氣吞聲、任勞任怨、做牛做馬、耐打耐罵，渣男要如何生生不息，欣欣向榮。

　　渣男並不是現今社會才有的生物，古代就有渣，那時叫他們「負心漢」。

　　古代女人之所以容忍渣男，是因爲沒得選擇，只能認命。就算嫁給禽獸，也要把他當良人，因爲婚姻從來就由不得自己。

　　現代女人之所以離不渣男，是因爲內憂（心魔）與外患（社會偏見）。所有的不幸都源自於沒有意義的恐懼，害怕落單、害怕孤單、更怕外界嘲笑自己嫁不掉。明知道身邊的人是隻衣冠禽獸，還是相信自己是可以馴服他的馴獸師。管他是好是壞，先嫁了再說。

　　翻開「古代渣男史」，好多帝王榜上有名。他們荒淫無道，後宮佳麗三千，就像擁有一家制服店。只要皇上有體力，天天進行「多人運動」都可以，旁邊還有太監圍觀助興，完全是「法克渣──豹先生」的原型。

　　唐朝詩人堆裡更是出渣男，那些禽獸一邊寫下深情款款的詩，一邊玩弄女人感情，約會時只要吟首詩，女孩就高潮了。他們的才華變成了把妹神

器，就算始亂終棄，也可以馬上變首詩出來替自己洗白。

元稹號稱「大唐第一渣」，一共經歷三段婚姻，有過六段情史，他的人生簡直一路渣到底。最早他拋棄等待他歸期的初戀，為了仕途，取了大戶人家的女兒，開始大方吃軟飯。幾年後，他的妻子因病過世，守喪期內，他就跑去青樓玩耍，也展開新的感情。女人之於他就像衣服一樣，見一個愛一個。就算他寫得出「曾經滄海難為水，除卻巫山不是雲」，他終究是個渣，是個有文采的「紳士渣——鹿先生」。

蘇東坡也是一個扯，把身邊的女人視為私有財產，遭貶官後，為了節省開銷，他把身邊的女人通通送給別人。當時他的友人看上了他的侍妾「春娘」，蘇軾竟然答應對方用一匹白馬來交換。君子愛財，應該取之有道，蘇軾這種人口販子的行為，就是「貪財渣——雞先生」。

民初的劈腿才子徐志摩也是渣到令人髮指，背叛深愛自己的妻子，劈腿好友的老婆，像「劈腿渣——青蛙先生」一樣，光明正大地兩腿開開。

由此可見，自古就有渣，現在沒有少，未來會更多。

不過，不得不稱讚渣男的上進心，渣男是一種求進步的生物，為了不被淘汰，他們會不斷變種，適性發展出可以立足渣男界的特殊專長。他們知道要把市場區隔拉大，才不會網內互搶，搞到自己找不到女人可騙。

物競天擇，適者生存，當慣用的詐騙手段被識破，就必須發展新的騙術，詐騙事業才能永續經營。

這本書寫了那麼多渣男的壞，並不是試圖把所有的錯，通通推給禽獸，我們女人也有問題，而且有很大的問題，基本上女人也是渣男存在的共犯結構。

渣男從來就不是無中生有，愛情市場上的黑心商品之所以那麼多，是因為女人會買單。渣男早就聽說了「男人不壞，女人不愛」，事實證明，就算他們再壞，女人還是離不開。

　　二〇一九年七月十日，我出了我的第一本書《等待加一，或者不：我和她們的單人婚紗故事》，從那時開始，我的兩個粉絲頁，不定期就會收到一些女孩們的訊息。她們會和我分享她們的感情故事，也讓我知道她們遇到的渣男有多渣。最後她們會問我：「我該怎麼辦？該怎麼做他才會對我好一點。」

　　其實我真的不是兩性專家，我在上一本書裡就提過了，我一點都不懂男人，但是我很了解女人。很多女孩在感情裡所遭遇的困境，也曾經困擾三十七歲之前的我。不過現在我完全明白，女人在感情裡一定要有趨吉避凶的智慧，所以我都會直接跟她們說：「分手吧。」

　　這年頭，哪個女生的一生沒有遇過半個渣，碰上了渣男沒關係，要有退場的勇氣，華麗轉身後，就不再狼狽回頭。

　　遇到渣男一點也不丟臉，真正丟臉的是那些為非作歹的禽獸。但是要是妳死賴著渣男不走，那才真的丟盡了女人的臉，因為妳把自己變成了寄生蟲，寄生在一塊腐肉上。

　　女人遇上渣男，其實跟運氣無關、也跟年齡無關，跟自己的智慧有關。

　　我的御用命理師有一個固定客，是一位高齡七十歲的阿姨。她的老公走得早，留下了很多遺產給她。照理說，阿姨可以過著貴婦般的養老生活，但是她三天兩頭就去算感情，因為她一直遇到來騙錢的四十歲小鮮肉。只能說，女人被騙一次是傻，被騙兩次很可憐，連續被騙三次就是自找的。

　　這本書，我刻意用大量的黑色幽默，來處理沉重的渣男問題，希望妳可以用看笑話或是看鬧劇的心情，輕鬆翻完，從此培養堅不可摧的「防渣體質」，不讓自己的人生因為渣男入侵，變成一則笑話，或是一場鬧劇，甚至一個悲劇。

　　決定要寫這本書以前，就有男性長輩勸我要考慮清楚，因為正式發行後，不認識我的男人會覺得這個女人很恐怖；要是之後順利發行韓文版，我

老公孔劉也會邊讀邊發抖。到時候我不只臺灣嫁不掉，韓國也別想嫁。

Oh, Come On，我一點都不考慮嫁給臺灣男人，而且我相信孔劉有智慧，男神本來就不是一般人。

當然也有一些男性，特地找到我個人的 Facebook 帳號，傳私訊給我：「妳很美好，妳需要溫暖的臺灣男人，治好妳的仇男症。」每次看到這種訊息，都會讓我翻白眼翻到眼睛抽筋。請收起你們的自以為是，我美好不美好，跟你們沒有半點關係；我也不覺得我有仇男症，我每次寫給孔劉的信，裡面都充滿了愛。

我很好、我很正常，謝謝你們的過度關心，正因為我不將就活在你們的價值觀裡，我的人生才有意義。

最後謝謝每一個讀到最後一頁的妳，雖然渣男永遠不可能消失，但是我希望這本書可以幫助妳遠離渣男，從此不再把王八當王子，也不會把騙子當王子。

渣男就像垃圾一樣，如果此刻妳身邊有渣，請快點讓垃圾落地，妳才會好命。如果妳過去經歷好多渣，也請放下過去，努力和過去的自己和解。

試著感謝那些生命中遇過的渣男，生命中的賤人，也可以是人生的貴人。糞土般的他們，都是我們生命的養分，讓我們的心中開出鋼鐵玫瑰。

「沒有閒置的柵欄，只有關不完的渣男」，我知道外頭還有很多漏網之魚，許多禽獸還在街上遊蕩，未來我們一起努力，把渣男通通抓來勞改，努力打造一個「無渣環境」。

只要妳不怕單身，妳就不會遇到渣男。我的第一本書買了嗎？如果還沒，歡迎妳一起入手閱讀，妳會發現，就算單身，也可以過著幸福快樂的生活。

找對象這件事情，應該畫靶再射箭，而不是射箭再畫靶。「男神收割機」和「渣男收割機」的等級是不一樣的。

我要繼續去追男神了，歡迎加入追男神的行列。還是老話一句：「孔劉

是我的，妳們可以去搶金材昱、宋承憲或玄彬，河正宇我覺得也可以。」

後記：

今天是二〇二〇年五月十五日，我終於完成了我的第二本書。今天正好是我媽媽的六十七歲生日，祝我最愛的媽媽生日快樂。

再次謝謝時報、也謝謝主編李國祥，謝謝你們願意幫我出第二本書，我知道我是個有點麻煩的作者，謝謝你們的包容。也謝謝爸爸媽媽，雖然下個月我就要搬出去了，但是距離你們只有一分鐘的步行距離，我會天天回家的。自己的房子可以買在原生家庭正對面，是我覺得最幸福的事情，就算我一直單身，但是我有最愛我的爸媽。也謝謝檢察官蕭惠菁姐姐，因為妳提供的「渣男判決書」範本，讓整本書更可愛了起來。

還有一個重量級人物一定要感謝，要是沒有她，這本書會少了靈魂。謝謝插畫家何東慧（Don Ho），平時我都叫她東東。人和人的緣分眞的很有趣，我和東東十年前是 J. Walter Thompson 的同事，當時公司上百人，因為工作上沒有交集，我們幾乎不曾交談。十年後我們在健身中心相遇，才開啓了緣分。在我心中，她是很棒的廣告人，也是最棒的插畫家。在我的第一本書《等待加一，或者不：我和她們的單人婚紗故事》裡頭，東東就幫我完成了二十幾張插畫，每一張都畫出了我對孔劉的表白。這一本《渣男動物園》，東東更是認眞揣摩了每一種渣男臉上該有的神情以及穿著品味，讓他們個個都是名符其實的衣冠禽獸。東東謝謝妳，希望妳的作品不久的將來可以被國際看見，因為妳值得。

最後要謝謝孔地哲，對我來說，世上的男人只剩下兩種：你，和你以外的。因為一直把你放在心裡，再也沒有任何男人可以接近我。我開始覺得單身很好，單身很快樂，單身的我可以等待著同樣單身的你降臨。在那發生以前，我努力讓自己一天比一天更好；也為了再更靠近你一些，我替我自己做了很多好事情。

　　連續兩年都刻意選在七月十日出書，因爲你是我寫書的動力，而且我相信你的生日會給我帶來好運。

　　今年的七月十號正好是農曆的五月二十日，五二〇象徵「我愛你」，我相信這是上天最好的安排，我也相信我們一定會再次相遇，在不會太久的將來。

Dear Gong Yoo,

My One And Only, Happy 42nd Birthday!

凱薩琳・孔　캐서린•공

二〇二〇年五月十五日

VIEW ⑱

渣男動物園
那些年，我們一起遇過的禽獸

作　　者——凱薩琳・孔
插圖繪者及設計——何東慧
主　　編——李國祥
企　　畫——王小樨
總 編 輯——胡金倫
董 事 長——趙政岷
出 版 者——時報文化出版企業股份有限公司
108019 臺北市和平西路三段二四○號三樓
發行專線：02-25306-6842
讀者服務專線：0800-231-705・02-2304-7103
讀者服務傳真：02-2304-6858
郵撥：19344724 時報文化出版公司
信箱：10899 臺北華江橋郵局第 99 信箱
時報悅讀網—— http://www.readingtimes.com.tw
電子郵件信箱—— genre@readingtimes.com.tw
法律顧問——理律法律事務所 陳長文律師、李念祖律師
印　　刷——勁達印刷有限公司
初版一刷—— 2020 年 7 月 10 日
初版三刷—— 2022 年 11 月 14 日
定　　價——新臺幣 390 元

渣男動物園：那些年，我們一起遇過的禽獸 /
凱薩琳．孔著 . -- 初版 . -- 臺北市：時報文化，2020.07
　面；　公分 . -- (View；82)
ISBN 978-957-13-8277-7(平裝)

1. 戀愛心理學 2. 兩性關係

544.37014　　　　　　　　　　　　　109009120